论语诵读

主　编　张广传　安　坤　宋　蓓
副主编　潘　鹏　陈宝红　陈晴晴
参　编　李玲玲　李梦娇　孙淑婷　石礼莎
　　　　陈　燕　迟美娟　唐镆涵

北京理工大学出版社
BEIJING INSTITUTE OF TECHNOLOGY PRESS

内容简介

本书第一章简要介绍了孔子及孔门弟子。第二章至第八章分别为道德根本，孝悌为先——孝悌篇；诚信做人，敬业乐业——忠信篇；知行合一，终身学习——为学篇；践行仁德，驰骋职场——仁道篇；善与人交，合作共赢——交友篇；工匠精神，修己以敬——君子篇；国之所需，心之所向——论贤篇。每章围绕经典章句品读，既有章句的解释，又有今思论语评析。另外，本书后附有孔子生平年表、孔门世系表和《论语》全文。

本书可作为高等院校国学素养类课程教材，也可作为国学培训和国学爱好者自学用书。

版权专有　侵权必究

图书在版编目（CIP）数据

论语诵读 / 张广传，安坤，宋蓓主编.--北京：北京理工大学出版社，2023.7（2025.1重印）

ISBN 978-7-5763-2706-9

Ⅰ.①论… Ⅱ.①张… ②安… ③宋… Ⅲ.①《论语》 Ⅳ.①B222.2

中国国家版本馆CIP数据核字（2023）第147490号

责任编辑：封　雪		文案编辑：毛慧佳	
责任校对：刘亚男		责任印制：王美丽	

出版发行 / 北京理工大学出版社有限责任公司
社　　址 / 北京市丰台区四合庄路6号
邮　　编 / 100070
电　　话 / （010）68914026（教材售后服务热线）
　　　　　（010）63726648（课件资源服务热线）
网　　址 / http://www.bitpress.com.cn
版 印 次 / 2025年1月第1版第2次印刷
印　　刷 / 河北鑫彩博图印刷有限公司
开　　本 / 787 mm × 1092 mm　1/16
印　　张 / 14.5
字　　数 / 241千字
定　　价 / 42.00元

图书出现印装质量问题，请拨打售后服务热线，负责调换

前　言

在"国学热"的时代背景下，本书旨在提高当代大学生的国学底蕴和语言表现能力，以及文化自信。通过学习《论语》，大学生可以进一步提高古文字阅读能力，从而热爱并品读古代典籍。本书用流畅的语言对《论语》进行解读，再结合社会现实和热点问题，拓展、延伸传统文化在当今社会中的现实意义，有助于学生了解《论语》的丰富内涵。

在本书的编写过程中，编者打破原有的篇章结构，将《论语》全书重新归类、整合为七个主题，每个主题选择20篇左右的原文，每篇原文由注释、大意、今思论语三个部分组成。每一章节最后有拓展阅读，结合古今榜样人物故事，引导学生根据现实社会情况讨论《论语》，感悟多元化的传统文化，培养学生的逆向思维与发散思维。

本书的特色如下：

（1）紧扣时政，挖掘传统典籍内涵，批判性继承，注重历史性与时政性相结合。结合古今榜样人物，引导学生在现实的社会语境中讨论《论语》。

（2）结合大学生的核心素养制定教材内容。通过学习《论语》为高等院校培育精益求精、勇于创新的高素质工匠，为即将到来的智能化时代提供宝贵的价值引领。

（3）知行统一的学习意识。培养学生乐学勤思、手脑并用的行为素养。学生通过"做"与"思"、"行"与"知"的交互作用，恰能够做到知行合一，大胆实践。

（4）独具匠心的价值取向。精益求精的工作态度能让学生专注于艺、耽于美的价值取向，尽力打造精品，竭力追求完美。别出心裁、推陈出新的思维方式能够帮助学生正视自己的内心。

（5）德艺双馨的责任担当。让大学生对本职工作产生敬畏，拥有责任心、职业操守和社会良知，促使大学生养成敬业奉献、坚守底线等品质。

本书各章节的编写人员分工如下：第一章由陈宝红、张广传、孙淑婷编写；第二章由宋蓓、安坤、石礼莎、唐镆涵编写；第三章由宋蓓、李玲玲、李梦娇编写；第四章由潘鹏、孙淑婷、陈燕编写；第五章由陈宝红、石礼莎、迟美娟编写；第六章由陈晴晴、安坤、李玲玲编写；第七章由潘鹏、孙淑婷、唐镆涵编写；第八章由陈晴晴、张广传、李梦娇编写。本书由张广传审定并统稿；由安坤修改、定稿；由宋蓓、潘鹏、陈宝红、陈晴晴、李玲玲、李梦娇、孙淑婷、石礼莎、陈燕、迟美娟、唐镆涵负责协助资料的收集和整理，以及校对工作。

希望本书能够得到各学校师生的喜爱。

编　者

目 录

第一章　孔子及孔门弟子　　　　　　　　　　　　　　/1
第二章　道德根本，孝悌为先——孝悌篇　　　　　　/19
　　经典章句　　　　　　　　　　　　　　　　　　/21
　　拓展阅读　　　　　　　　　　　　　　　　　　/36

第三章　诚信做人，敬业乐业——忠信篇　　　　　　/39
　　经典章句　　　　　　　　　　　　　　　　　　/40
　　拓展阅读　　　　　　　　　　　　　　　　　　/50

第四章　知行合一，终身学习——为学篇　　　　　　/53
　　经典章句　　　　　　　　　　　　　　　　　　/54
　　拓展阅读　　　　　　　　　　　　　　　　　　/78

第五章　践行仁德，驰骋职场——仁道篇　　　　　　/81
　　经典章句　　　　　　　　　　　　　　　　　　/84
　　拓展阅读　　　　　　　　　　　　　　　　　　/109

第六章　善与人交，合作共赢——交友篇　　　　　　/113
　　经典章句　　　　　　　　　　　　　　　　　　/115
　　拓展阅读　　　　　　　　　　　　　　　　　　/135

第七章　工匠精神，修己以敬——君子篇	/140
经典章句	/142
拓展阅读	/156

第八章　国之所需，心之所向——论贤篇	/165
经典章句	/167
拓展阅读	/180

附录1　孔子生平年表	/184
附录2　孔门世系表	/190
附录3　《论语》全文	/195
参考文献	/226

第一章 孔子及孔门弟子

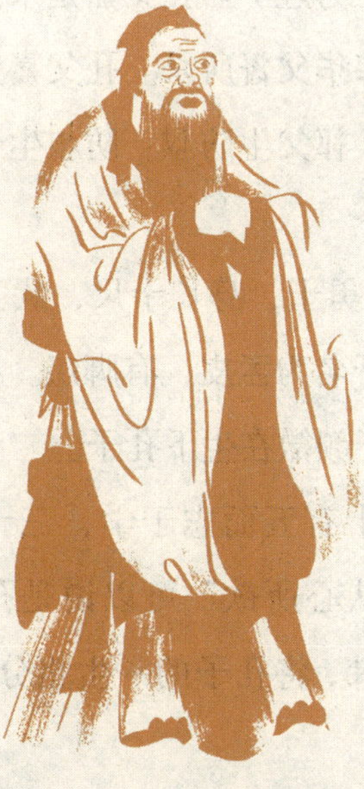

孔子

孔子（公元前551年—公元前479年）名丘，字仲尼，春秋时期鲁国陬邑（今山东省曲阜市）人，我国古代伟大的思想家、政治家、教育家。他与弟子周游列国十四年，一生修《诗》《书》，定《礼》《乐》，序《周易》，作《春秋》。他提倡"仁义""礼乐""德治教化"，以及"君以民为体"。

孔子在古代被尊奉为"天纵之圣""天之木铎"，是当时的博学者之一，被后世统治者尊为"孔圣人""至圣""至圣先师""大成至圣文宣王先师""万世师表"。他是儒家学说的创始人，是中华文化的集大成者，也是影响了世界上其他国家和地区的人，被联合国教科文组织列为"世界十大文化名人"之首。

据《孔子家语》和《淮南子》记载，孔子长得宽额、狮鼻、阔口，大颅顶部微陷。身长（周制）九尺六寸，周制一尺相当于现代的20~23厘米，也就是说，孔子的身高至少是1.92米，可谓标准的山东大汉。他的胆气能压倒当时著名的勇士孟贲，挪步轻追，可足踩亡命窜逃的野兔；力擎双臂，能托起城关落下的城门。尽管勇力过人、技艺超群，但孔子深藏不露，很少让人知道。他内修仁德，外宣先王仁道，终成一代素王、万世圣师。

孔子的祖先是商朝的宗室，周朝时周公以周成王之命封商纣王的兄长微子启于宋国，所以他是殷商贵族的后裔。微子启死后，弟弟微仲即位，他便是孔子的先祖。从六世祖的孔父嘉起，后代子孙开始以孔为氏（子为姓）。孔父嘉是宋国大夫，曾为大司马，封地位于宋国夏邑，在宫廷内乱中被太宰华父督所杀。孔父嘉生子木金父，木金父避灾逃到鲁国的陬邑定居。木金父生祁父，祁父生防叔，防叔生伯夏，伯夏生叔梁纥（叔梁为字，纥为名）。

孔子的父亲叔梁纥是鲁国陬邑大夫，著名的勇士，身长十尺，武力绝伦。叔梁纥与正妻施氏连生九个女儿，没有儿子。妾生一子名为孟皮，有脚疾。在当时，女子和残疾的儿子都不宜继嗣。叔梁纥晚年与年轻女子颜徵在生下孔子。

孔子终年七十三岁，一生很不得志。"吾十有五而志于学，三十而立，四十而不惑，五十而知天命，六十而耳顺，七十而从心所欲"可以说是孔子自述他一生的学习和修养过程。下面以时间为经、事例为纬，将孔子的一生粗分为七个阶段，列出主要事迹。

一、孔子诞生

孔母颜徵在曾听闻尼丘山的山神颇为灵验，结婚后与丈夫到山神庙祷告，乞求能够早生贵子。孔母尼丘山祝祷归家后，果然怀孕。她怀胎十月后，将孔子生下。孔父发现他的头颅与众不同，四周高，中间低，又因孔母曾去尼丘山祈祷，故起名为丘，字仲尼（仲为第二的意思，叔梁纥的长子为孟皮，孟为第一的意思）。

二、求学问道的青少年时期

孔子三岁时，父亲叔梁纥病逝。孟皮的生母已在叔梁纥去世前一年去世，孔子母子也不为施氏所容，孔母颜徵在只好带着孔子与孟皮移居曲阜阙里娘家，生活极为艰难。含辛茹苦的母亲，用忘我之爱，让儿子从小就受到良好教育。在郑环的《孔子世家考》里有这样的记载："圣母（指颜徵在）豫市礼器，以供嬉戏。"意思是说颜徵在花钱买礼器给儿子做嬉戏的玩具。《史记·孔子世家》中记载的场景，更加印证了少年孔子的学习成长过程："孔子为儿嬉戏，常陈俎豆，设礼容。"俎豆就是当时祭祀时存放供品的方形和圆形的祭器。祭祀是礼中之大，而礼又是进身贵族阶层最为重要的内容。孔子小小年纪，连玩耍时都要练习怎样摆放祭器和行礼。他经常玩这些游戏，一点儿也不觉得厌倦。

孔母看孔子整日玩俎豆游戏，便诱导孔子与孟皮一起读书。孔子十分聪明，母亲所教他的功课，仅片刻工夫，便读得十分熟透。孔子读书十分用功，天天央求母亲多教他一些知识，孔母便将两兄弟送到私塾去读书，他们二人做伴，一起学习了三年。见孔子渐渐长大，而私塾中的课程进度已经不能满足他的求知欲，孔母便把他送到外祖父颜襄身边去读书。

颜襄原本就是博学的老师，只是因年纪大了，便不再收徒讲学。老人家平时最疼爱孔子的母亲和孔子，所以，看到外孙回来求学，十分高兴。孔子在外祖父家学习，寒暑不歇，数年不倦，颜襄把自己的学问逐步传授给他。十五岁时，孔子就在心中立定了求学问道的志向。

孔子十七岁时，其母与世长辞，他十分悲伤，将母亲与父亲合葬在防山。孔子十九岁娶宋国亓官氏为妻，二十岁那年，他的儿子出世，蒙鲁昭公厚爱，赐鲤鱼，因此就为儿子取名为鲤，字伯鱼。

经典故事

孔子学琴

孔子喜爱音乐，曾向鲁国乐师襄子学琴。

一天，鲁国的乐师襄子来拜访孔子，孔子与他谈起了音乐。襄子擅长弹琴，孔子想请他指导自己。于是襄子教了孔子一支曲子，孔子便很认真地学习。十天以后襄子觉得孔子弹得不错了，便对他说："这支曲子你已经弹得很好了，再学一支吧！""不！"孔子诚恳地说："我刚学会弹，对旋律还不熟悉，让我再练几天吧。"说着，孔子又专心致志地练了起来。

几天后，襄子又说："你对这支曲子的旋律已经很熟，可以学别的曲子了。"孔子仍然不同意，说："虽然旋律弹熟了，但我还不太清楚这支曲子的意思，让我再琢磨几天吧。"这样，孔子又练了起来。过了几天，襄子又催孔子学习新的曲子。孔子说："我现在知道这支曲子的意思了，但我还不知道它的作者是谁，请再给我几天时间，让我想想好吗？"襄子被孔子认真学习的态度感动了，不再勉强他。又过了几天，孔子兴奋地跑到襄子那里，告诉他："这支曲子的意义很深刻，作曲者一定有远大的理想，除了周文王还能是谁呢？"襄子惊叹道："你说得一点儿不错，我学这首曲子的时候，我的老师说过，这首曲子是周文王作的，叫《文王操》。"

三、三十而立，授徒设教

鲁昭公二十年，自孔子十五有志于学，已有十五年，孔子经过努力，在社会上已经可以站住脚，有了一定的名气。

这一年，齐景公出访鲁国时召见了孔子，与他讨论秦穆公称霸的问题。齐景公问孔子："秦国的地方小而偏，秦穆公为什么能称霸呢？"孔子说："秦国虽然地处边缘，但行为中正。国家虽小，但志向很大。秦穆公能用五张黑羊皮把贤人百里奚从牢里赎出来，仅与他交谈三天，就把政务交给他处理。秦穆公就是凭着这样的仁义，才成就了霸业。一位君主如果想仅靠武力称霸诸侯，那是生硬的，无法把自己的潜力发挥出来。"齐景公和晏子听了，很是佩服。

鲁昭公二十五年，鲁国发生内乱，鲁昭公被迫逃往齐国，孔子也离开鲁国，到了齐国。齐景公问政于孔子，孔子回答："君君、臣臣、父父、子子。"孔子受到齐景公的赏识和厚待，甚至曾准备把尼溪一带的田地封给孔子，但被大夫晏婴阻止。晏婴阻挠说："儒者能言善辩，不受法令的制约；倨傲自顺，不甘居人之下；破费讲究礼仪，岂能作为风俗；喜欢游说乞贷，岂能借以立国。现在礼崩乐坏，若想恢复周礼，几代难以穷尽，怎可指导民众？"作为补偿，齐王曾邀请孔子进宫聆听由各地顶级乐师们演奏的古代《韶》乐。一边是政坛失意；另一边却是终于听到了梦寐以求的《韶》乐，如痴如醉，百感交集中，孔子泪流满面，"三月不知肉味"。

鲁昭公二十七年，齐国的大夫想加害孔子，孔子听说后向齐景公求救，齐景公说："吾老矣，弗能用也。"孔子知道齐国不是久留之地，于是离开齐国回到鲁国。

据《史记》记载，鲁昭公二十四年，孔子获得鲁昭公的准许，并得到一车二马，和南宫敬叔一起，千里迢迢到了周京洛邑（今河南省洛阳市）观礼。

在周京时，孔子问礼于老子，访乐于苌弘，还游览了周天子召见诸侯和举行国家大典的明堂、祭祀祖先的太庙、祭天地的社坛等。孔子感叹说："吾至文化及礼乐制度之中心。"在太庙中，孔子看到一个大小与真人相同的金人，口上有三道封锁，背上又刻着很长的铭文。孔子向南宫敬叔说："今天看见这个三缄其口的金人，才知道做人不要多言，言多必失。不要多事，多事多败啊！"

当时，老子在周朝做"守藏室史"（相当于现在的国家图书馆馆长）。孔子向老子请教关于礼的问题。他对孔子说："你要问的那些人，他们的骨头早腐烂了，只剩下他们说过的话罢了。况且，君子恰逢好的时代就出来干一番事业，遇到不好的时代就像草一样，随风飘荡。我听说，好的商人深藏钱财，好像一无所有；很有德行的人，外表看起来却很愚笨。去掉你的骄气，还有想入非非、装模作样的样子，还有不切实际的奢望吧！这对你没有什么好处。我要对你说的话就是这些。"

临别时，老子还赠言给孔子："我听说富贵的人送人钱财，仁义的人送人良言，我不富贵，也不能窃仁者的名声，但我还是要告诉你，观察问题很透彻、言辞犀利善辩的人，假如遇到危及自身生命的事，主要原因就在于他臧否人物，揭人的短处！作为子女和人臣，言语和行动都不能只考虑自己！"孔子听了老子的话，回去对自己的学生说："鸟，我知道它能飞；鱼，我知道它能游；野兽，我知道它能跑。飞者可以用弓箭对付，游者可以用钓丝对付，跑者可用网对付。至于龙，我却无法了解，它乘风驾云直上青天。我今天见的这位老子，大约就是像龙一样的人物了。"

在先秦典籍中，道家学派的《庄子》、儒家学派的《礼记》和杂家学派的《吕氏春秋》，都记载了孔子问礼于老子。洛邑之行开阔了眼界，孔子对制定西周礼乐制度的周公更是崇拜。回到鲁国后，向他求学的人更多了。

四、四十不惑，讲经论道

经过多年的磨炼，孔子对人生各种问题有了比较清楚的认识。孔子返鲁后，在银杏树下筑起土坛。孔子与弟子们围坐树下，习《诗》学《礼》，讲述做人的道理。这是他做学问的黄金时期。

这几年，孔子沉浸在教学实践活动中，积累和总结了很多教学经验。他秉承"因材施教"的理念，根据学生的不同特点分别指导，采用"不愤不启，不悱不发"的启发式教学方法，即不到学生百思不得其解的时候，不要轻易告诉他们答案。他还提出了许多至今仍有价值的教学箴言，如"学而时习之，不亦说乎"，强调温习的重要性；"学而不思则罔，思而不学则殆"，强调学思结合；"知之为知之，不知为不知，是知也"，强调端正学习态度；"三人行，必有我师焉，择其善者而从之，其不善者而改之"，强调取他人之长，补己之短。

经典故事

圣者情怀

——故事取材于《说苑》

一次，孔子北游农山，随从的弟子有子路、子贡、颜渊。

来到山顶后，孔子极目远眺，喟然感叹道："登高望远，见天地之悠悠，难免发千古之幽思。此情此景，大家何不在此说说各自的志向，让老夫聆听一二。"

子路见老师说得如此感慨，便率先回道："子路不才，愿有一天，遇到这样的场景：战场上，旌旗飞扬，席卷大地；战鼓钟声，响彻云天。白羽箭，如月光倾洒；赤羽箭，如日光飞动。此时，唯有我子路能率领众军，英勇驱敌，一鼓作气，夺回千里失地。而子贡与颜渊两位同学可作为我的随从高参。"

听了子路的豪言壮语，孔子点评道："壮哉！勇士，一个奋不顾身的雄杰。"

子贡看着踌躇满志的子路，笑了笑，轻步上前说道："子贡不才，愿有一天，见齐国与楚国合战于苍莽原野，两军对垒，实力相当。正当旌旗相望，战尘相接，千钧一发之际，我子贡身着白袍、白冠，从容游说于白刃之间，不费一兵一卒，顿解两国纷争。此时，子路与颜渊两位同学可为我临阵助势。"

"俊哉！辩士，一个神貌若仙的英才。"孔子点头称赞。

颜渊听完子路、子贡的述说，站在后面，继续静默无语。孔子见此，便对他说："颜渊，过来！你难道就没有理想可说吗？"

颜渊近前回道："文事、武功，两位同学都说得很好了。我哪里够资格参与其中？"

"不是吧？"孔子笑着道："有什么想法但说无妨。"

颜渊沉吟了一会，说道："我听说，咸鱼与兰花是不能放在同一个筐子里储存的。尧、舜与桀纣，也是不可能在同一个国家共理政事的。两位同学的志愿与颜回的理想是有差异的。颜回希望自己能在一个小国辅佐一位圣明的君主。使君主在上，可道应天下；使臣子在下，能德化群生。百姓讲信修睦，人民安居乐业；兵器铸为农具，城池复为良田；怀恩近邻，柔接远方；周边各国，无不感召德义，寝兵释战；天下从此无斗战之患。如果能有这么一天，又有什么苦难需要子路同学冒死拯救？又有什么战难需要子贡同学劳思化解？"

"美哉！大士。"颜渊的一番话，令孔子嗟叹不已。子路此时举手问道："请问先生，您的志愿又是什么？"孔子回道："愿颜渊得志！我将背着行李，跟随颜渊。"

五、五十知天命，孔子仕鲁

鲁定公九年（当时孔子五十岁），孔子任中都宰才一年就做出了很多成绩，当时四方各国都想学孔子的治理方法。

鲁定公十年，孔子由中都宰升为小司空，又升为大司寇，后来还兼任相国之职。

孔子任大司寇时，随鲁定公与齐国国君齐景公在夹谷山会盟，逼迫齐国将在战争中侵占鲁国的大片领地还给了鲁国，这可以说是孔子在司寇任上办得最出色的一件事。

孔子任司寇时强调教化作用，反对滥施刑罚。在一次处理父子诉讼案时，见到父亲告儿子不孝、儿子告父亲打人，问清情况的孔子并没有给出审判结果，而是让他们各自反省。等到他们都想通了，而且各自找到了自己的不足之处，孔子竟然把他们释放了。自此父慈子孝，连口角也没再发生。当政者季桓子对此提出批评，认为孔子是背离以孝治民的道路。但是孔子仍然坚持自己的做法，认为"上失之，下杀之，其可乎？不教其民，而听其狱，杀不辜也。"这段话的中心意思就是强调为政者要做表率，反对不教而诛，主张不杀无辜、不滥施刑罚。

还是在司寇任上，孔子有一次从衙署回家，路上听到自家马厩失火的消息，他首先关心和问及的不是马匹及财产的损失情况，而是人有没有受伤。越是在这种着急的时刻，越能够看出人的善恶，这一个小细节便能反映出孔子内心深处对人的重视。

孔子任大司寇，兼掌相国事务的时候，诛杀了鲁国大夫少正卯。少正卯言伪行僻、恃有虚名、挑拨惑众，是乱政之臣。孔子认为不杀他便不能治国。鲁国国政逐渐走上正轨，三个月后，风俗大变，男女行路时左右分道，一片兴旺之象。

孔子杰出的执政能力让齐国倍感威胁，用计将良马、美女送给了鲁定公。鲁定公接收齐国的美女后，开始通宵达旦狂欢作乐，一连三天不上朝。孔子一再劝谏，无奈国君沉迷女色，充耳不闻。孔子只好离开鲁国，开始十四年的流浪生涯。

经典故事

夹谷会盟

齐景公想与鲁国通好，一边向鲁君发出在夹谷会盟的邀请，一边训练刀斧手，并在夹谷周围暗藏伏兵，约定以齐景公摔杯为号，挟持鲁定公。收到齐国请柬后，鲁定公左右为难，众大臣纷纷劝他回绝，只有孔子以鲁国大业为重，劝说鲁定公前往。会盟之前，孔子就建议鲁定公做好一切准备，带着相当数量的军队。在齐强鲁弱的形势下，必须以军事作为坚强的后盾，否则什么事情都可能发生，"有文事者必有武备，有武事者必有文备"（见《左传》），鲁定公欣然采纳了孔子的建议。

齐国前来会盟的目的是展示实力，压服鲁国，使鲁国成为附庸国。来会盟之前，齐国的大夫犁弥就向齐景公建议说："孔丘知礼而无勇，如果让莱地的兵士武装劫持鲁定公，就能轻易达到我们的目的。"

会盟之日，两国君主坐在高坛之上，两国官员、随从、军队仪仗各列两边。果然，盟会上险情迭出。先是齐国以奏四方之乐为名，让莱地的兵士全副武装突然登场，刀枪剑戟，鼓噪而至，想在大家惊慌之中挟持鲁国国君。就在大家慌乱之中，没想到被犁弥称为"知礼而无勇"的孔子突然站起，从容不迫地沿着新筑的盟坛台阶昂然而上。登于坛上，挥起长袖向面目狰狞、正在乱舞的莱地兵士一甩，两眼直视齐景公，声若洪钟，怒斥道："这些人是干什么的？我们两国国君在此友好会盟，却让这些已被降服的夷狄来捣乱，你齐君怎么还能号令诸侯？裔不谋夏，夷不乱华，俘不干盟，兵不逼好，这是大家应当遵守的礼数，不然就是对神的亵渎，就是对德行的罪过，就是对人的失礼。我想你齐景公肯定不会这样做的吧？"此言大义凛然，又有理有据，尴尬的齐景公已被孔子说得面红耳赤，心知失礼，便挥手把乱舞的兵士斥退，并当场认错："这是寡人之过啊。"据说这次盟会之后，齐景公想到那个身高威武的孔子，还恼怒地训斥随从说："孔子引导他的国君遵循古人礼仪，你们却引导我学夷狄的陋俗，真是丢人！"

然而难题并没有得到解决。就在最后快要缔结盟约的时候，齐国突然宣布要在盟约中增加一条，就是将来齐国出兵作战之时，鲁国必须出动三百乘兵车助战，

否则就是破坏此盟。这就是要鲁国承认自己是齐国的附庸国了。面对新的僵局，孔子清醒地分析，鲁国与齐国的力量是那么悬殊，鲁国来订盟约，就是来向齐国求得和平与安全的。但是，如果屈服，不仅会使鲁国失去实际利益，更会使鲁国的声誉受到很大的损害。孔子当机立断，立即提出新的条款，就是齐国不把一年前侵占的郓、汶阳、龟阴三地归还鲁国，还要让鲁国出兵车，就是破坏此盟。

这次会盟，孔子凭借外交家的卓越才华，坚持有理、有利、有节地斗争，为鲁国取得了一次重大的外交胜利。

六、六十而耳顺，周游列国

离开鲁国以后，孔子率众弟子周游列国，辗转于卫、曹、宋、郑、陈、蔡、叶、楚等地，然而均未获重用。在匡、宋、蒲等地时，孔子一行人还多次被困。

经典故事

匡城被困

孔子到达卫国，在前往陈地时，途经匡城，为孔子赶车的颜刻指着匡城说："当年我来过这地方，是从城墙那个缺口进来的。"匡人看见了孔子，发现孔子的相貌很像鲁国季孙大夫的家臣——阳虎，顿时跑来一群人，把孔子一行人围困起来。阳虎在匡当官时横征赋税，虐待百姓，匡人对其恨之入骨，误把孔子认为阳虎。由于无法脱身，弟子们非常着急，子路感到愤怒，夺戟准备交战，但被孔子阻止。孔子满不在乎地当场抚琴，并说了一段气吞山河的名言："文王既没，文不在兹乎？天之将丧斯文也，后死者不得与于斯文也；天之未丧斯文也，匡人其如予何？"子路问他怎么还有如此雅兴，孔子说："临大难而不惧者，圣人之勇也。"这就是成语"临危不惧"的由来。

孔子"以天不丧斯文"的道理来安慰在旁的弟子们，他表示，天意要让孔子承担弘扬文化的神圣责任，匡人能奈我何呢？后来，匡人听到孔子这么说，才知道是一场误会，便放开孔子，让其离去。

据《史记》记载，匡人围孔子达五日之久，可见老夫子当时的狼狈。

解围后，很久才看见颜回跟上来，孔子说："许久未见你归来，以为你死于匡人之手。"颜回说："夫子在，回哪敢死！"

相失于郑——丧家犬

公元前492年，六十岁的孔子前往郑国时，与他的学生们走散，独自站立在郭东门口。一个郑国人对孔子的学生子贡说："东门口站着的那个人。他的额头像尧，他的后颈像皋陶，他的肩膀与子产相似，但是腰部以下又比禹短三寸，疲劳得像失去主人到处流浪的狗。"弟子终把孔子寻回，子贡将实际情况告诉了孔子。孔子欣欣然地笑了，说："讲我的外形像谁是小事。然而，说我像失去主人到处流浪的狗，确实是这样啊！确实是这样啊！"

陈蔡绝粮

公元前489年，孔子受楚昭王邀请到楚国去，途经陈、蔡两国之间。而陈、蔡两国的大夫害怕孔子被楚国重用，会对本国不利，所以，他们派兵将孔子和他的弟子们围困在陈、蔡之间七天。无米下锅，他们只能喝野菜汤充饥，不少弟子变得无精打采，面有菜色。而此刻，孔子却依然在室内唱歌、弹琴。

这时，颜回在屋外择野菜，见到子路与子贡两人在一起嘀咕道："先生两次被鲁国驱逐，在卫国也未能待下去，在宋国讲学时，连背靠的大树都被人砍倒。到周地拜访时，又被老子数落。现在，又被人围困在陈、蔡之间。追杀先生的人无罪，欺凌先生的事也没有被禁止。先生倒好，依然在这里唱歌、弹琴，自得其乐。难道做君子的人，就这样没有羞耻心吗？"

颜回听到这里，心中五味杂陈，只好进屋告诉孔子。孔子听后，推琴长叹道："子路、子贡呀！难道你们真的是小人？召他们进来，我有话要跟他们说。"

子路、子贡进屋了。子路抱怨地对孔子说："老师，我们走到这步田地，可以说是穷途末路了吧！"孔子听到这里，厉声喝道："子路！这是什么话？君子明于道谓之通，昧于道谓之穷。我们抱仁义之道，处在这少仁少义的乱世，遭受磨难，

这是很正常的事,何穷之有?内省无愧于道,临难不失己德,大寒至,霜雪降,因此才会知道松柏之真强茂。这次,我们遭遇这般磨难,难道不也是一件很幸运的事吗?"

说完,孔子毅然返身回到琴案旁,操琴而作。子路闻后,也随之手持兵器,昂然合拍而舞。子贡见此,愧然自叹道:"我真是不知道天有多高,地有多厚呀!"

七、七十而从心所欲,孔子返鲁

颠沛流离十四年,公元前484年,年近七十岁的孔子被季康子派人迎回鲁国尊为国老,但未受鲁哀公的任用。这期间孔子不求仕途,天天在杏坛为弟子讲学,倾心于古书典籍的整理中,并删定群经,改编《春秋》,为万世立教。此后再未离开鲁国。

六十九岁时,儿子孔鲤先孔子而亡。孔子晚年丧子,其悲痛可想而知。

七十一岁时,孔子最得意的弟子颜渊以四十一岁之英年而谢世。颜渊无论学识、德行、处世,都得孔子真传。孔子去吊丧时,哭得很悲伤。跟着他去的弟子说:"夫子太过于哀痛了!"孔子说:"真的过于哀痛吗?我不为他哀痛,还为谁哀痛?"

七十二岁时,子路在卫国内乱中,毫不畏难避死,最后奋勇牺牲。子路死后被剁成肉酱,消息传来后,孔子哭于中庭。

公元前479年,孔子逝世,被葬于曲阜城北的泗水岸边。鲁哀公诔之曰:"旻天不吊,不慭遗一老,俾屏余一人以在位,茕茕余在疚,呜呼哀哉!尼父!毋自律!"众弟子为他服丧三年,子贡为孔子守墓六年。弟子及鲁国人从墓而居者上百家。孔子的故居被改为庙堂,他也受到人们的奉祀。

孔门弟子

传说孔门弟子有三千人,"弟子盖三千焉,身通六艺者七十有二人"。也就是说,孔子的学生有三千多人,其中成绩优异者七十二人,称为"七十二贤人"。又一说,"受业身通者七十有七人",即真正得其传授者有七十七人。

一、德行方面:颜回、闵损、冉耕、冉雍

颜回,姓颜名回,字子渊,也称颜渊,比孔子小三十岁,鲁国人,深得孔子欣赏和喜爱。颜回出身贫贱,一生没有做官。《雍也》说他"一箪食,一瓢饮,在陋巷,人不堪其忧,回也不改其乐"。为人谦逊好学,"不迁怒,不贰过"。

颜回敏而好学，能闻一知十，注重仁德修养，孔子称赞他"贤哉回也""回也，其心三月不违仁"。

颜回才二十九岁，头发就全白了，而且早逝。颜回死时，孔子哭得很伤心，说道："自从我得了颜回以后，弟子们就更加亲和向学了。"汉高祖东巡祭孔时，开始以颜回为配享从祀之例。明嘉靖九年（1530年）封为"复圣"。曲阜城内建有复圣庙，俗称颜庙。《韩非子·显学》列为儒家八派之一（颜氏之儒）。

闵损，姓闵名损，字子骞，比孔子小十五岁，鲁国人。闵损以德行著称，孔子特别表彰他的孝行，说他顺事父母，友爱兄弟。《先进》赞扬："孝哉闵子骞！人不间于其父母昆弟之言。"闵损守身自受，"不仕大夫，不食污君之禄"。季氏曾派人去请他出任费邑宰，他却要来人替他婉言推辞，并说，如果再来召我，那我就渡过汶水出国去了。闵损是孔门弟子中唯一一个明确主张不做官的人。

唐开元二十七年（739年）追封为"费侯"。北宋大中祥符二年（1009年）加封为"琅琊公"。南宋咸淳三年（1267年）改封为"费公"。明嘉靖九年（1530年）改称"先贤闵子"。

冉耕，姓冉名耕，字伯牛，比孔子小七岁，鲁国人。为人端正，善于待人接物，以德行著称。后来，冉耕患了麻风病，不愿意见人。孔子去探望他的时候，站在窗外面握着他的手。叹息着说："亡之，命矣夫！"

唐开元二十七年（739年）追封为"郓侯"，北宋大中祥符二年（1009年）加封为"东平公"，南宋咸淳三年（1267年）改封为"郓公"，明嘉靖九年（1530年）改称"先贤冉子"。

冉雍，姓冉名雍，字仲弓，比孔子小二十九岁，鲁国人。冉雍气量宽宏，沉默厚重，深得孔子的器重，孔子称其"可使南面"，即可担任封国之君。冉雍出身贫贱，他的父亲行为不端，有人以此作为攻击冉雍的借口。孔子驳斥说："一头耕牛，也可以生出献祭用的小牛来；父亲不好，儿子不一定也不好。"冉雍做过季氏宰。战国时期的荀况很推崇冉雍，把他与孔子并列称为大儒。唐开元二十七年（739年）追封为"薛侯"，北宋大中祥符二年（1009年）加封为"下邳公"，南宋咸淳三年（1267年）改封为"薛公"，明嘉靖九年（1530年）改称"先贤冉子"。

二、言语方面：宰予、子贡

宰予，姓宰名予，字子我，也称宰我，鲁国人，小孔子29岁。宰予口齿伶俐，

能言善辩，常被孔子派遣出使各国，如"使于齐""使于楚"等。宰予遇事有自己的主见，常与孔子讨论问题，有独到的见解。他提出改"三年之丧"为"一年之丧"，缩短丧期，遭到孔子的指责。又因为"昼寝（白天睡觉）"，被孔子评论为"朽木不可雕也"。后来，孔子发现了他的优点，说："吾以言取人，失之宰予。"宰予任齐国临淄大夫，而《史记》中记载其因参与陈恒杀君事件而被杀，但据后人考证，参与叛乱的是另一个叫"子我"的人。

唐开元二十七年（739年）被追封为"齐侯"，北宋大中祥符二年（1009年）加封为"临淄公"，南宋咸淳三年（1267年）改封为"齐公"，明嘉靖九年（1530年）改称"先贤宰子"。

子贡，即端木赐，姓端木名赐，字子贡，比孔子小三十一岁，卫国人。他口才很好，雄辩滔滔，又能料事。《论语》中记载的孔门弟子与孔子的问答之言中数他的最多，孔子对他的器重程度仅次于颜回。

子贡曾担任鲁国或卫国之相，最善于搞外交活动，曾在齐、吴、越、晋诸国间游说，促使吴国攻齐，从而保全了鲁国。对子贡的利口巧辞，孔子有时也加以劝诫。

有一次，孔子对子贡说："和颜回相比，你自认为如何？"子贡谦逊地答道："我哪里敢和颜回相比？他听到一分，可以了解十分；我听到一分，只能领悟二分。"子贡与子路一文一武，犹如孔子的左右手。子贡善经商，家中非常富有，是春秋时期著名的富商。孔子死后，子贡守墓六年，师生之情胜过父子。

唐开元二十七年（739年）被追封为"黎侯"，北宋大中祥符二年（1009年）加封为"黎公"，明嘉靖九年（1530年）改称"先贤端木子"。

鲁国的法律规定，如果有人将在其他诸侯国做奴仆的鲁国人赎回本国，便可以到官府去领取赏金。

有一次，子贡在一诸侯国赎回了一个鲁国人，却推辞了官府的赏金。孔子听说了这件事，就对子贡说："子贡呀！你这件事就做错了。圣人做事可以移风易俗，可以让人效法，可以影响后代，不会只为了让自己高兴。现在鲁国富裕的人少，贫穷的人多。如果赎人回去领赏金被认为是不廉洁，得不到赏金的刺激，愿意去赎人的人就会减少。所以，你这种只考虑自己德行修养的行为，将会使鲁国人今后不愿再到其他诸侯国去赎人。"

《史记·仲尼弟子列传》记"子贡好废举，与时转货赀"。孔子曰："回也其庶乎，屡空。赐不受命，而货殖焉，亿则屡中"。意思是说子贡做买卖预测行情，往往非常准确。也正因为如此，子贡最终富比陶朱、家累千金，所以《史记·仲尼弟子列传》中写道："七十子之徒，赐最为饶益。"

经典故事

陶朱事业，端木生涯

"陶朱事业，端木生涯"，这是古代中国商人常常在自己的店铺、店堂内悬挂的八个大字。陶朱指的是春秋时的范蠡，吴越争霸时，范蠡为越国大将军。吴国被灭后，范蠡功成身退，经商致富，被人称为陶朱公。端木指的就是子贡，他和范蠡一直被历代商人奉为始祖，子贡更是被称为中国儒商之鼻祖。

商人出身的子贡，师从孔子，在经商和政治外交活动中，他一边进行商业经营，一边宣扬孔子的学说，既做到了累积千金，又传播了圣人之道，还广布仁德、施民济众、为民造福；既是一位出色的商人，又是一位传道的儒者。这也是他被后世尊崇为中国儒商之鼻祖的原因。"端木生涯"，表示谋利与弘道实现了完美统一，是对子贡一生的概括，也是后世商人穷其一生追求的境界。

子贡曾问孔子："假若有一个人，给予老百姓多方面的好处，又能帮助大家过上好日子，怎么样？"孔子说："岂止于仁德，那简直就是圣人了，舜大概都难以做到呢。有仁德的人，自己想站得住，也要让别人站得住；自己想通达，也要让别人通达。凡事若能以自身为例而周全别人，可以说是实行仁德的方法了。"子贡牢记孔子的教诲，交往富者，也帮助和抚恤贫者，所以上自人君，下至平民，都称颂他的仁德。子贡经商以诚信为本，有"君子爱财、取之有道"之风，得到的财富不只用来为孔子的传道铺平道路，也积极为有困难的人提供帮助，恰恰是儒家精神的极佳体现，也是后来孟子所说的"达则兼济天下"。后人称赞他这种"义"与"利"完美统一的经历，而"端木生涯"便由此而生。子贡的身上表现出中国传统文化所崇尚的诚信仁义、利惠众生和自强不息的精神。

三、政事方面：冉求、仲由

冉求，姓冉名求，字子有，也称冉有，比孔子小二十九岁，鲁国人。冉求生性谦逊，是孔门弟子中多才多艺的人，深得孔子称赞。冉求长于政事，尤其善于理财，曾任季氏宰。孔子称他"千室之邑，百乘之家，可使为之宰也"。

冉求很能带兵打仗，鲁哀公十一年（公元前484年）任左师统帅，以步兵执长矛的战术打败了齐国。趁这次得胜的机会，他说服季康子，迎回了在外流亡十四年的孔子。后来，冉求由于帮季康子聚敛民财而受到孔子的严厉斥责："非吾徒也，小子鸣鼓而攻之，可也。"（《先进》）但这并未影响他们的关系，足见师生二人感情深厚。

唐开元二十七年（739年）追封为"徐侯"，北宋大中祥符二年（1009年）加封为"彭城公"，南宋咸淳三年（1267年）改封为"徐公"，明嘉靖九年（1530年）改称"先贤冉子"。

仲由，姓仲名由，字子路，因他曾是季氏的家臣，又被称为季路，比孔子小九岁，鲁国人。仲由出身微贱，家境贫寒。他生性豪爽，为人耿直，有勇力才艺。对于孔子的言行，虽然由于常提出意见而受到批评，但仲由闻过则喜，能虚心接受。孔子对他的评价很高，夸他有才能，可以掌理千辆兵车的诸侯国的军政大事。仲由做过鲁国的季氏宰，也做过卫国大夫孔悝的邑宰。

唐开元二十七年（739年）仲由被追封为"卫侯"，北宋大中祥符两年（1009年）加封为"河内公"，南宋咸淳三年（1267年）改封为"卫公"，明嘉靖九年（1530年）改称"先贤仲子"。

经典故事

从莽夫到君子的子路

仲由一生忠于孔子。孔子说："道不行，乘桴浮于海，从我者其由也。"意思是，我的道如果行不通，就乘上小木排到海外去，跟随我的，怕只有仲由吧！仲由保护孔子唯恐不周，不愿使孔子遭人非议。孔子说："自吾得由，恶言不闻于耳。"

《孔子家语》中记载，在子路初次拜见孔子时，孔子问道："你爱好什么？"子路回答说："喜好长剑。"孔子说："以你的天赋，再加上学习，谁能比得上呢？"子路说："学习难道有好处吗？"孔子说："驱赶狂马的人不能放下鞭子，操拿弓弩的人不能丢下正弓的器具；木材经过绳墨作用加工就能取直，人们接受直言规劝就会通达；从师学习，重视提问，哪有不顺利成功的！"子路说："南山出产竹子，不经加工，自然就很直，砍下来用它（做箭），能射穿犀牛的皮，为什么要学习呢？"孔子说："把箭的末端装上羽毛，把箭头磨得更加锋利，箭刺入得不是更深吗？"子路施礼道："感谢你的指教。"

子路自入孔门后，一直受孔子的冷落，被同学们瞧不起，因此抓起一个石盘揣在自己衣襟底下，欲对孔子不利。子路怀揣石盘，站在孔子面前咄咄逼人地发问："孔先生，你说，上士杀人是怎么个杀法？"孔子一愣，随即镇静地回答："上士杀人用笔尖。用笔墨写在竹简上或刻在甲骨铜鼎上，以文字昭示天下，把人置于死地。"子路怒气未减，又问："那么中士该如何杀人？"孔子慢条斯理地回答："中士杀人用舌尖。人的舌头是软的，能把方的说成圆的，把圆的说成扁的，舌上有龙泉，也会杀人不见血。"子路接着问："那么下士该如何杀人？"孔子若无其事地回答说："下士呀，下士杀人用怀里揣着的一块石盘。"子路被孔子点破，感到无地自容，一下子泄了气，他扔掉怀里的石盘，跪拜了孔子，从此心服口服，对孔子忠心耿耿。

仲由六十三岁时，遇到卫国内讧，他为了救援孔悝，与敌人展开搏斗。在混战中，他的缨冠被击断，他想到孔子关于"君子虽死而冠不免"的礼仪教导，在重结缨带时被敌人砍死。他的死对时年七十二岁的孔子而言，是一个沉重的打击。

四、文学方面：子游、子夏

言偃，姓言名偃，字子游，比孔子小四十五岁，春秋末期吴国人。言偃长于文学，他性情豁达，为人行事不拘小节，主张用教化治理社会。他为了贯彻孔子"君子学道则爱人，小人学道则易使"的主张，在鲁国做官，出任武城宰，极力推行礼乐教化。

唐开元二十七年（739年）被追封为"吴侯"，北宋大中祥符两年（1009年）加封为"丹阳公"，南宋咸淳三年（1267年）改封为"吴公"，明嘉靖九年（1530年）改称"先贤言子"。

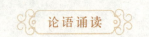

经典故事

杀鸡焉用牛刀

子游二十多岁就出任"武城宰"（治所在今山东费县西南），实行孔子关于"君子学道则爱人，小人学道则易使"的教诲。有一天，孔子路过武城听到琴瑟歌咏的声音，很高兴，就微笑着对他说："杀鸡何必要用宰牛的刀？"言偃听了回答说："从前我常听老师说'在位的人学了礼乐之道，就能爱民，普通人学了礼乐之道，就很容易听从教令，好治理'，我现在就是在施行这样的教化啊！"孔子听后，对随行的弟子们说："你们听听，他讲得很对。我刚才说杀鸡岂用牛刀，只不过是跟他开玩笑罢了。"

卜商，姓卜名商，字子夏，比孔子小四十四岁，卫国人。他性格勇武，为人"好与贤己者处"。主张国君要学习《春秋》，吸取教训，以防止臣下篡权，提出过"仕而优则学，学而优则仕"的思想，对后世儒生产生了很大的影响，还主张做官要先取信于民，然后才能使其效劳。

孔子去世后，子夏就在魏国西河教学。魏文侯曾奉他为师，向他请教国政之事。由于儿子先他而死，子夏哀恸过度，把眼睛哭瞎了。相传《诗》《春秋》等书均是由他传下来的。

唐开元二十七年（739年）追封为"魏侯"，北宋大中祥符二年（1009年）加封为"河东公"，南宋咸淳三年（1267年）改封为"魏公"，明嘉靖九年（1530年）改称"先贤卜子"。

第二章

道德根本，孝悌为先

——孝悌篇

孝悌，儒家的伦理范畴，是古代家庭伦理的核心概念。孝是事父，悌是事兄。孔子把"孝悌"作为施行"仁"的根本，提出"三年无改于父道""父母在，不远游"等一系列孝悌主张。另外，孟子也把孝悌视为基本的道德规范，而秦汉时期的《孝经》则进一步提出"孝为百行之首"。

一、"孝悌"是仁之根本

首先，孝是思政教育的根本。百善孝为先，践行孝道是一个人格完善的重要环节，没有完善的人格，就无从谈及爱国与爱人；其次，孝是人道德素质的逻辑起点；最后，孝是人际关系的价值基础，为和谐社会提供精神支撑。

二、问孝

不同身份的学生"问孝"，孔子的回答都不一样，这部分通过对比阅读，可以感受到孔子的"因材施教"。

三、解读孝的三重境界

一是养父母之身，好好学习、努力工作、赚钱养家、孝敬父母，不仅是口头的表达，而是要有实际行动，要勤劳，强调知行合一。这个属于物质层面。

二是怡父母之心，承欢父母膝下，和颜悦色，博父母欢心，开解父母胸中愁烦，使父母保持精神愉快，这个属于精神层面。

三是行父母之志，牢记父母教诲，发扬父母德业，实现父母的志愿，不懈努力，完善自身，以求报效国家，这个属于事业层面。

这部分重点讲述孝道的知行合一，学生对照顾父母、尊敬父母、体贴父母和理解父母会有很大的认同性。党的二十大报告中提出，实施公民道德建设工程，弘扬中华传统美德，加强家庭家教家风建设，推动明大德、守公德、严私德，提高人民道德水准和文明素养。我们要不忘父母恩，从优良的家风底蕴中吸取精神养分，把孝道和爱国统一起来，把"小孝"变成家国情怀，让"孝"融于血液当中，"小孝"孝于家，"大孝"孝于国，将中华孝道代代相传。

经典章句

2.1

【原文】

有子①曰:"其为人也孝弟②,而好犯上③者,鲜④矣;不好犯上,而好作乱者,未之有也⑤。君子务本⑥,本立而道⑦生。孝弟也者,其为仁之本与⑧!"

——选自《论语》第一篇第二章

【注释】

①有子:有氏,名若,字子有(一说字子若)。在《论语》中,孔子的学生一般都称字,只有曾参和有若称"子"。据考证,《论语》成书于战国初期,由曾子的弟子子思(孔子的孙子)牵头主持、有子的弟子参与编纂,其中材料来源于孔子众弟子及再传弟子所记。因此,《论语》中除将孔子称为"子"之外,也将曾参、有若称为"子"。

②弟(tì):同"悌",本指敬重乡中长辈,因古时当时乡中皆是同族,后指敬爱兄长。

③犯上:犯,冒犯、干犯。上,指上位者。

④鲜(xiǎn):少的意思。

⑤未之有也:此为"未有之也"的倒装句。

⑥务本:务,专心、致力于。本,根本。

⑦道:在中国古代,道有多种含义。此处的"道",指孔子提倡的仁道,即以"仁"为核心的整个道德思想体系及其在实际生活的体现。简单来说,就是治国、做人的基本原则。

⑧为仁之本与:仁既是孔子哲学思想的范畴,又是伦理道德准则。为仁之本,即以孝悌作为仁的根本。与,同"欤",表示疑问的助词。

【大意】

　　有子说："一个人孝顺父母，敬爱兄长，却喜欢触犯上位者，这种人很少啊；不喜欢犯上却喜欢作乱，这种人是不会有的。君子行事致力于根本，确立了根本，道也就产生了。孝悌就是仁道的根本吧！"

【今思论语】

　　这句话是有子说的，在理解的时候要注意这句话中虚字的含义。"鲜矣"就是"很少了啊"，其意思跟"很少"大不相同。"很少"的意思是还有，"很少了啊"要表达的是几乎没有，跟后句的"未之有也"所要表达意思相同，但是"未之有也"表达得非常明确，就是一个都没有，那为何有子要用不同的句子表达呢？一个人如果"孝悌"，他是不会犯上的，而"孝悌"是发生在家里的，究竟一个人是否"孝悌"我们不清楚，如果"孝悌"就不会犯上，但是有些人是假"孝悌"，就有可能做出犯上的事情。而后句"不好犯上，而好作乱者，未之有也"，因为"犯上作乱"是社会层面的，如果一个人犯上作乱，大家都是有目共睹的，所以有子说"未之有也"就很斩钉截铁，这样的事是没有的。此句中有子分层明确，表述清晰。

　　那么如何不让一个人"犯上作乱"呢？有子告诉了我们一个最简单的方法——孝悌，这是君子所要务的"本"，也是儒家倡导的"仁"的前提。能够做到孝敬父母，敬爱兄长，这是在家庭中把握了做人的根本，可以逐渐感悟为人之道，还可以将敬重长辈的品质发扬到与朋友、同事的相处中。"仁"是能去爱别人，是一种美好的品质。有子所说的"仁"的根本，就是先在家庭中孝敬父母，敬爱兄长。

2.2

【原文】

　　子曰："弟子①入②则孝，出③则弟，谨④而信，泛爱众，而亲仁⑤，行有余力⑥，则以学文⑦。"

——选自《论语》第一篇第六章

【注释】

①弟子：一个开始准备学习的人。

②入：古时父子分别住在不同的居处，学习则在外舍。入是指入父宫，进到父亲的住处或在家。

③出则弟："出"与"入"相对而言，指外出拜师学习。出则弟，表示要用悌道对待师长，也可泛指对待年长于自己的人。

④谨：谨慎寡言。

⑤仁：形容词用作名词，具有仁德的人，即温和、善良的人。

⑥行有余力：指有闲暇时间或剩余的精力。

⑦文：外在的表现。

【大意】

孔子说："弟子们在父母跟前要孝顺，出门在外要敬爱师长，说话要谨慎，言而有信，和所有人都友爱相处，亲近那些具有仁爱之心的人。做到这些以后，如果还有剩余的精力，再去提高文化修养。"

【今思论语】

孔子说的弟子，可以是一个年轻人、一个小孩，也可以是与年龄无关，是一个开始准备学习的人。"入则孝"就是在家的时候要孝顺，把父母当成自己修炼品格的对象。父母有指令，我们不要拖延；父母教育我们，我们要恭敬，不要忤逆他们，在家能够做到孝敬父母。

俗话说"在家靠父母，出门靠朋友"。"出则弟"是指行走社会，跟别人打交道的时候，能够把他们视为自己的兄弟，真心相待，尊敬别人，诚恳的沟通，将他人当作自我修炼的对象。

"谨而信"，"谨"就是不夸夸其谈，遇事不信口雌黄。我们要学会少说一点，不要着急标榜自己，更不要口出狂言。"信"就是自己要做到，"谨而信"是用事情修炼自己。

"泛爱众，而亲仁"是指你要能够爱更多普通的人，亲近有德行的人。对我们来说，爱这个世界是一种很重要的能力。一个人有能力爱更多的人，考虑别人的感受，这就是大爱，这样的人才是真正了不起的人。"泛爱众，而亲仁"是一种内心的修炼，因此，我们可以把"仁"理解成两种意思：第一种是向外的，是对别人好，是"泛爱众"；第二种是让自己的内心达到更高、更善的境界，是"而亲仁"。

"入则孝，出则弟，谨而信，泛爱众，而亲仁"，分别是跟父母一起修炼，用他人修炼，用事情修炼，并让自己的内心不断地修炼。

最后一句，"行有余力，则以学文"，孔子跟很多人讲过。孔子表示，先把以上这些事情都做好了，再来学"文"。有人认为"文"是文学，有人说是文字，这里孔子说的"文"应该与"质"相对。孔子说过"质胜文则野，文胜质则史。文质彬彬，然后君子"。文是外在的表现，质是内在的底蕴。"质胜文则野"，在孔子看来内在比外在好得多，外在完全不讲究，这种人可能会有粗野的一面。"文胜质则史"，是指外在看起来文质彬彬，面目俊雅，内在相当糟糕。"史"就是虚浮，不实在，学了很多东西却没有什么用。所以"文"和"质"是相对的，"相对"是《论语》中一个很大的命题。"行有余力，则以学文"的意思就是一个人在日常生活中把能够修炼的部分都练得差不多了，还应该有其他追求，这时候我们再来学礼、学义、学仁，提高文化修养。

孔子讲这段话，是希望所有的修炼都要有这样进阶的态度，就算没有机会学很多技术、读很多书、掌握很多需要知识含量的技能，最起码可以跟父母、跟别人、跟你日常所做的工作、跟你的内心对话，这就是孔子指出的学习途径。可见，"孝"是人们要修炼的最基本的品格，是做好事情的基础。

2.3

【原文】

子夏①曰："贤贤②易色③；事父母，能竭其力；事君，能致④其身；与朋友交，言而有信。虽曰未学，吾必谓之学矣。"

——选自《论语》第一篇第七章

【注释】

①子夏：姓卜，名商，字子夏，孔子的高足，以文学著称。
②贤贤：第一个"贤"字作动词用，是尊重的意思。"贤贤"即尊重贤者。
③易色：替换对外在东西的关注。
④致：奉献、尽力。

【大意】

子夏说："一个人能够尊重贤者而不要过于看重外在的东西；侍奉父母，能够竭尽全力；服侍君主，能够奉献一生；同朋友交往，说话诚实、恪守信用。这样的人，即使他自己说没有学过什么，我也一定要说他已经学习过了。"

【今思论语】

子夏是孔子回到鲁国以后收的一位很年轻的学生。"贤贤易色"中第一个"贤"是动词，尊敬；第二个"贤"是名词，指贤者；"易"是动词，替换。此处"色"不是色相，而是"外在的东西"。这句话是要我们去关注内在美，而不要过于关注外在的东西。生活中很多人喜欢用外在评价别人，子夏就是反对过于看重外在，希望我们能够更多地关注内在的东西。他想告诉年轻人，要去崇拜内在优秀的人。年轻人要时刻保持清醒，学会看人的内在。

"事父母，能竭其力"是指对待自己的父母，要能够竭尽全力，努力做到最好，是对家而言；"事君，能致其身"是指对待君主，能够有奉献精神，是对君主而言；"与朋友交，言而有信"是对亲族、朋友而言的。若一个人在家、君主、亲族、朋友这几个层面上，都能够表现得很好，则可以称得上"虽曰未学，吾必谓之学矣"。

"事父母，能竭其力；事君，能致其身；与朋友交，言而有信"，虽然要求不算特别高，但做起来没那么容易。子夏用这一段话表明了对于学习的态度，学习的目的绝不只是学知识，还要学做人，不要把学习的目的看得太狭隘。生活中很多人可能学历不高，但并不代表他们没有学习。"虽曰未学，吾必谓之学矣"，一个人就算没有学历，没有成为孔子的三千弟子，如果平时进行自我修炼，也学到了东西的。这句话用非常包容的态度表达出对学习的认可和尊敬，也说明了学习的目的不只是做学问，还包括为人、做事。

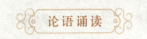

2.4

【原文】

子曰:"父在,观其①志,父没②,观其行③。三年无改于父之道,可谓孝矣。"

——选自《论语》第一篇第十一章

【注释】

①其:指儿子,不是指父亲。
②没(mò):去世。
③行(xíng):行为。

【大意】

孔子说:"当一个人的父亲活着时,要看他本人的志向;当他父亲去世后,就要考察他本人的具体行为了。如果他长期坚持父亲生前的那些正确原则,就可以说是在尽孝了。"

【今思论语】

如果机械性地理解这句话,就是守旧,似乎在所有事情上都要拒绝变革。但如果一个人只按长辈的方式做事,那根本没有办法适应瞬息万变的互联网时代,所以,就要结合时代重新理解"三年无改于父道"这句话的内涵了。我们要传承的是家风、家训和价值观。虽然父母不懂得互联网时代的各种潮流,但是他们告诉孩子应该做好人,不要做坏事,这就是家风。不同的家庭有不同的家风、家训和价值观,如果子女三年不改甚至延续得更久,那就是一件好事。

从孔子所处的时代背景来看,在当时确实有家族传承的特色。比如父亲是工匠,儿子极有可能也是工匠。那个时代的人如果改行,就意味着整个家族的手艺失传了。

比如全村就靠一家人修房子，但是这家的子孙突然不修了，全村的房子也就没有人修了，就得重新培养这方面的人才。孔子当时说的"三年无改于父道"可能与父亲的行业有关。对于"小家"来说，传承的是家业、是规矩、是父道、是传统；对于"大家"来说，传承的是文明、是精神、是美德。

我们理解这句话时不要仅限于字面，也不要过分解读。传承父辈的精神、价值观和做人、做事的原则，是应该挖掘的时代意义。

2.5

【原文】

孟懿子①问孝。子曰："无违②。"樊迟③御④，子告之曰："孟孙问孝于我，我对曰'无违'。"樊迟曰："何谓也？"子曰："生，事之以礼；死，葬之以礼，祭之以礼。"

——选自《论语》第二篇第五章

【注释】

①孟懿子：也称孟孙，鲁国的大贵族。
②无违：应指不违父母之言，不逆父母之志。
③樊迟：樊须，字子迟，这是以字称。
④御：驾驭马车。

【大意】

孟懿子请教什么是孝。孔子说："孝就是不要违背礼。"后来，樊迟给孔子驾车，孔子告诉他："孟孙问我什么是孝，我回答他说不要违背礼。"樊迟说："不要违背礼是什么意思？"孔子说："父母活着的时候，要按礼侍奉他们；父母去世后，要按礼埋葬他们、祭祀他们。"

【今思论语】

若要理解这段话，首先应了解孔子所处的时代背景。当时，周天子已经基本丧失了对整个国家的统治权，鲁君也开始失去力量，而孔子正处于鲁国三桓当政的时期。"三桓当政"指的是季孙氏、孟孙氏、叔孙氏三家在掌管鲁国的政事。孟懿子是孟孙氏的掌门人，表面上尊孔子为师，向孔子请教问题。这两人，一位是当权者；另一位是老师。收位高权重的人为徒，是一件有压力和风险的事。因此，在孔子跟孟懿子的对话中，我们可以感受到孔子说得并不痛快。孟懿子问孔子什么叫孝？孔子说的无违，就是不要违反礼。我们总觉得，孔子的这句话好像没说完。孟懿子真懂了吗？未必。但是孟懿子没再接着问。当权者请教问题，但并没有接着问，也没有显露出好奇心，孔子自然也就不必解释了。孔子把话憋在心里并不舒服，他知道还没有讲明白。

樊迟是孔子的学生，喜欢种地和收拾菜园子。他给孔子驾车，孔子憋不住地说："孟孙问孝于我，我说无违。"樊迟自然和老师更亲近，就问："您为什么说这么奇怪的话，无违到底是什么意思呢？"

很多人在理解这句话的时候，认为无违是"不要违反"的意思，即父母怎么说，我们就怎么做，而孔子的解释并不是这样的。孔子说："生，事之以礼；死，葬之以礼，祭之以礼。"不要违反礼节，这就叫作无违。"生，事之以礼"，指的是一个人要依据礼法，有原则地对待自己的父母。关于如何对待父母，周朝有明确的礼法，但这并不表示一切都要听父母的。孔子认为，作为子女也要有自己的独立人格。"死，葬之以礼"，父母不在了，要葬之以礼，代表着一种节制。当时的贵族，下葬时常常使用一些超过规格的祭祀品，非常奢侈，劳民伤财。但是平民百姓如果因为贫穷而把父母的遗体随意处置，不安葬，也是很过分的。祭之以礼，是指在祭祀的时候，也用符合礼仪的方式。

为什么孔子不对孟懿子讲这些？因为季孙氏、孟孙氏、叔孙氏在鲁国当政后，经常会做很多越轨的事。例如，"三家者以《雍》彻"，是说他们在祭祀自己的祖先时，竟然将国家祭祀先祖的歌作为祭祀礼乐。对于这些贵族而言，这合乎礼法吗？孔子认为，这是非常过分的事，甚至因此还骂过他们。孔子的观点是，倘若真的想对祖先尽孝，就不要把祖先的地位抬得过高，给他们超越身份的待遇。如果非要按照对待天子、诸侯的方式来祭祀自己的祖先，其实是在给祖先抹黑。

2.6

【原文】

孟武伯①问孝。子曰:"父母唯其②疾之忧。"

——选自《论语》第二篇第六章

【注释】

①孟武伯:孟懿子的儿子,名彘(zhì),"武"是谥号,"伯"是行辈,又名孟伯彘。
②其:指孝子。

【大意】

孟武伯问什么是孝道。孔子说:"父母只为孩子的疾病担忧(而不担忧别的)"。

【今思论语】

此问发生在孔子晚年时。孟武伯是孟懿子的儿子,他问孝的时候,孔子说:"父母唯其疾之忧。"同样是问孝,孔子对于不同学生的回答都是不同的,表现了他在因材施教。

本段解释了要真正做到孝,就要让父母知道,孩子成年后,除了健康状况外,其他事情不用担心。有的父母在孩子毕业之后还不断操心,是因为孩子担负不起自己的人生责任,父母对他的担心就会没完没了。所以,要成为一个孝顺的人,就应该努力管好自己的生活,让父母无须对自己的任何事情担心。因此,孝的核心是能够做到让父母省心,这就是孔子想要跟孟武伯表达的意思。孟武伯是孟孙氏的继承者,而孟孙氏有权有势,孔子为了维护鲁君的地位,就对孟武伯说:"想要表达孝顺,就要谨慎处事,别让你的父母替你担心。"暗示孟武伯要遵纪守法,不要做越矩之事。

这句话指导了我们的生活,告诉我们要积极地和父母沟通。因为有时候父母对孩子的担心,并非由于孩子的生活过得不好,而是由于孩子根本没有跟父母沟通过。

想一想，我们有没有让父母了解我们的生活状态，有没有让父母知道"我过得很好"？如果没有，就需要加强与父母的沟通，让父母少为我们担心，这也是孝的一种。

2.7

【原文】

子游①问孝。子曰："今之孝者，是谓能养。至于犬马，皆能有养。不敬，何以别乎？"

——选自《论语》第二篇第七章

【注释】

①子游：孔子的高足，姓言，名偃，字子游，吴国人。孔门十哲之一，长于文学。

【大意】

子游问怎么做才算尽孝。孔子说："现在人们认为的孝，是能养活父母。（其实）连狗、马等牲畜都能被饲养。假如对父母不敬，这与饲养狗、马有什么区别呢？"

【今思论语】

此问发生在孔子晚年时。子游是一个平民，读了这一则我们发现，孔子对普通学生和贵族学生说话是不一样的，他跟贵族学生说话是点到为止，不愿意多说，不愿意攀附权贵。孔子对孟懿子说"无违"之后，看对方没有接着问，就没继续解释，但是他却将自己的想法告诉了平民学生子游。

孔子跟子游说话时，将孝解释得非常明白。他指出一个现象：现在，所谓的"孝"就是能养。古人有孝养和孝顺。孝不光是养，更重要的是还要敬，只养，不敬不算孝。"养"就是养活的意思。养是孝的基础，但光养还不够，还要敬，即除了养老，还要敬老。孔子认为，光把老人养起来，不敬老人，和养狗、养马没有什么两样。养爹、养妈毕竟不同于养狗、养马。

此话说得相当难听。此时的孔子已经离生命的终点很近了。之前发生过一件事令孔子心里很不舒服。一天，孔子的学生从朝上回来，孔子问朝上发生何事，学生并没有说事情的细节，而是对他说，"我们在谈论天下大事，您就别多问了"。此事发生不久，子游刚好来问孝，孔子就说不要像养犬、养马一样去养一个老人家，这是孔子作为一个即将要老去之人的感慨。

2.8

【原文】

子夏问孝。子曰："色难①。有事，弟子②服其劳；有酒食③，先生④馔⑤，曾⑥是以为孝乎？"

——选自《论语》第二篇第八章

【注释】

①色难：有两种解释，一说孝子侍奉父母，以做到和颜悦色为难；一说难在迎合、理解父母的脸色。今从前解。

②弟子：年轻的子弟。

③食：食物。

④先生：与"弟子"相对，指长辈。

⑤馔：吃喝。

⑥曾（zēng）：副词，竟然的意思。

【大意】

子夏问什么是孝道。孔子说："侍奉父母经常保持和颜悦色最难。遇到事情，由年轻人去做；有好吃好喝的，让老年人享受，难道这样就是孝吗？"

【今思论语】

　　此问是发生在孔子晚年时。子夏问孔子什么是孝，孔子说："色难！"和颜悦色是最难的。人最大的教养就是对父母和颜悦色。光是替长辈办事，有吃喝先紧着长辈，内心不敬，脸上不敬，也不算孝。相对于我们对待老人，对待小孩可以说是"色易"。原因很简单，小孩给人带来希望，孩子一天天长大；老人无论如何精心照顾，按照生命规律，都会越来越衰弱，记忆力退化，行动不便。孔子这里说的"色难"究竟有多难？孩子问父母问题无论多少遍，父母都耐心解释，但是人老了以后，问两三遍问题，人们就开始不耐烦了。希望我们都能记住"色难"这个词，意识到对待老人，做到和颜悦色是最难的一件事，从而在心里提醒自己。

　　在生活中，我们和不同的人相处，会表现出不同的态度。比如，在陌生人面前是规矩礼貌，疏离中带着客气；在同事面前能开几句熟络的玩笑，但始终不失分寸；在普通朋友面前懂得嘘寒问暖，亲近但不亲密；在亲近的人，尤其是父母面前，将本性完全暴露，那些坏脾气统统冒了出来。可是，我们的家人，我们的父母，才是这个世界上最爱我们的人，他们才是最值得被温柔以待的人。若真心爱父母，就应该和颜悦色，由内而外地让他们感到快乐、幸福。

2.9

【原文】

　　子曰："父母在，不远游①，游必有方②。"

——选自《论语》第四篇第十九章

【注释】

　　①游：离家出游。

　　②方：是指"方法"。意为父母身体健康时外出，要让父母知道你的去处是安全的。如果父母的身体需要照顾，而自己又需要外出就必须安排好照顾父母的方法，以尽孝

道，即游必有"方"。

【大意】

孔子说："父母在世，不出远门，如果要出远门，必须安排、照顾好父母的方法，以尽孝道。"

【今思论语】

我们经常说"父母在，不远游"，父母在的时候，孩子不要到处乱跑。如果这样理解，就是一个悖论，因为孔子自己就周游列国去了。当然孔子周游列国的时候，他的父母已经不在了，但是他带了一群学生周游列国，学生的父母还活着。那么，孔子这句话岂不是无法理解了？这句话其实并不绝对，"游必有方"还是有回旋余地的，如果要远行，必须告诉家人自己要去哪里，按时捎回书信，使父母不必担心。

父母年事已高，需要子女养老送终。在孔子所处的时代，交通、通信都不发达，因此主张子女要留在父母身边。随着时代的发展，交通、通信的进步，子女出远门谋生、任职已很常见。但是，"儿行千里母担忧"，这种来自亲情的牵挂是无论如何也割不断的，子女当能感知、体察，以尽孝道。作为子女，无论身在何处，都要记得给父母发定位，也要和父母视频聊天。这些高科技手段，让父母和孩子的联系更加紧密。父母跟孩子的感情是非常深厚的，不应因时间和空间的距离而变淡。父母年迈，所求不多，只求孩子平安，知道他们身在何处，在干什么就行。哪怕不在父母身边，孩子也要和他们保持联系，多给他们一些陪伴和安慰。

2.10

【原文】

子曰："父母之年，不可不知也。一则以喜，一则以惧①。"

——选自《论语》第四篇第二十一章

【注释】

①惧：担心，担忧。此处指担心父母年事已高，会因衰老而死亡。

【大意】

孔子说："父母的年纪不能不知道，一方面因其长寿而高兴；另一方面又因其年迈而有所担忧。"

【今思论语】

我们都因父母的年龄越来越大而感到担心。在面临这样的问题时，要想到事物的两面性。我们一方面惧怕；另一方面也有喜悦。天增岁月人增寿，父母又多活了一年，多长了一岁，是非常难得并值得高兴的事情，父母活到八十岁，作为子女应该非常开心。孔子这句话具有人道主义精神。仁者爱人，孔子看到很多人都因为父母年龄增长而感到痛苦，所以他说父母的年龄不可不知，一定要时刻记得，在忧的同时也要喜。

2.11

【原文】

曾子有疾，召门弟子曰："启①予足！启予手！《诗》云②：'战战兢兢，如临深渊，如履薄冰。'而今而后，吾知免③夫，小子④！"

——选自《论语》第八篇第三章

【注释】

①启：两种解释。一种为开启，曾子让学生掀开被子看自己的手脚；另一种是抬起，是把我的手脚抬起来。（此处选择第二种解释）

②《诗》云：以下三句引自《诗经·小雅·小旻》。

③免：指身体免受损伤。

④小子：对弟子的称呼。

【大意】

曾子生病了，把他的学生召集到身边来，说道："抬起我的脚！抬起我的手（看看有没有损伤）！《诗经》上说：'小心谨慎呀，好像站在深渊旁边，好像踩在薄冰上面。'从今以后，我知道我的身体是不再会受到损伤了，弟子们！"

【今思论语】

这一段是讲曾子生了一场大病，刚刚从昏迷中醒过来，急忙对弟子说："启予足！启予手！"死里逃生的感觉，描写得非常生动，很有画面感。

这里的"启"有两种理解。一种为开启，曾子让学生掀开被子看自己的手脚；另一种抬起，是把我的手脚抬起来。此处选择第二种，大病初醒，周围的一切都是陌生的，这时候需要让别人帮自己抬抬手、动动脚。为什么曾子会这么在意自己的手脚呢？因为曾子是个大孝子，据传曾子的《孝经》中也写道："发肤之身，受之父母，不得毁损。"儒家重生，认为生命是父母给的礼物，只有把身体保护好，才对得起父母。

"战战兢兢，如临深渊，如履薄冰。"出于《诗经·小雅·小旻》，曾子引用来形容生命悬于一线的感觉，也就是他刚脱离死亡线的感觉。

"而今而后，吾知免夫"，是说从今以后，我全身各处都是完整的，不会再受到任何损害。一个人保持自己全身各处不受损，不让父母担心，直到离开世界的那一天都能够谨慎认真对待自己的生命，爱惜自己的身体。

这一段告诉我们，保重身体、爱惜生命非常重要，不仅仅是为了自身的健康，还是孝道的体现。

2.12

【原文】

子曰："孝哉闵子骞！人不间[①]于其父母昆弟之言。"

——选自《论语》第十一篇第五章

【注释】

①间（jiàn）：空隙。用作动词，表示找空子。

【大意】

孔子说："闵子骞真是孝顺呀！人们对于他的父母兄弟称赞他的话没有异议。"

【今思论语】

闵子骞，名损，字子骞。春秋时期鲁国人，孔子的弟子，孔门七十二贤之一，孔门十哲之一。

闵子骞有孝名，可以理解为闵子骞的事迹广泛流传出去，大家都是这么认为的。"父母昆弟之言"也有可能是他父母和兄弟跟别人说"闵子骞真是孝顺"，而当时谁都同意他家里人的话。"孝哉闵子骞！"这句话是转述人之言，不是孔子说过的话，所以这句话加了引号。孔子引用别人对闵子骞的评价，说"人不间于父母昆弟之言"。"不间"是人们对于这件事没有异议，不觉得是过誉了。

不同的格局和尺度会给我们带来不同的视角，赋予我们在整个社会中的角色。如果能够打开格局，跳出"我"的范围，能够多为别人考虑一下，我们就能成为贤人；如果能够多为世界考虑一下，我们就能成为国际主义者。

拓展阅读

单衣顺母

闵子骞（公元前536—前487），名损，字子骞，春秋末期鲁国人，孔子的得意门生，以德行著称。孔子称赞说:"闵子骞真孝顺啊!人们对于他的父母兄弟称赞他的话没有异议。"闵子骞位列《二十四孝图》之中。

闵子骞从小就死了生母,父亲娶了后妻成为他的继母。子骞年纪虽小,却孝顺父母。平时吃饭时,他总是恭敬地把好饭菜端到父母面前,吃完饭后,他又抢着收拾桌子,洗刷碗筷。后来,继母接连生了两个弟弟,子骞的日子从此便不好过了。他像奴仆一样被使来唤去,白天要带弟弟玩耍,晚上还要哄弟弟睡觉。继母稍不顺心就又打又骂。

在一个严寒的冬日,子骞给父亲赶车。大风夹着碎雪打来,把他冻得瑟瑟发抖,手上的缰绳老掉在地上。父亲呵斥他做事不专心,子骞一句也不分辩。可冻僵的双手还是拉不住缰绳。父亲看看儿子身上穿的棉衣,觉得厚厚的,怎么会冷成这样?儿子一定是装的,没出息!父亲生气地一鞭子打了下去。棉衣当即裂开一个大口子,一团团芦花露出来,被风吹走了。父亲大吃一惊,后妻怎么竟能干出这种事?他带着子骞驾车返回家去。再一看后妻生的两个儿子身上穿的都是新棉衣。父亲难过得掉下眼泪。他责备自己让儿子忍冻干活,憎恨后妻虐待子骞。他不顾后妻下跪磕头求饶,执意要将她赶出家门。

闵子骞泪如雨下,苦苦哀求父亲道:"母亲在家,就我一个人受寒;母亲要是走了,三个孩子都要受冻,望父亲大人深思啊!"

父亲感到儿子的话在理,便将后妻留下来。继母很受感动,从此对三个儿子一样看待。子骞长大后,孝名闻于天下。

资料来源:http://xy.lishen.net.cn/fucizixiao/20160219/41752.html

最美孝心少年——杨峻熙

在山东肥城的王庄镇花园村,几乎每天中午都会有一个残疾的小姑娘在村里的主干道上随着音乐的节奏欢快地跳舞。这个古灵精怪的小姑娘叫杨峻熙，今年7岁。

从2岁开始，家人开始渐渐发现峻熙的左脚发育不正常，走路也是一拐一拐的。全家人到附近医院看了个遍，各种检查、中药西药都尝试了，丝毫没有延缓左脚的残疾。最后，医院给出了狼疮性脂膜炎的结论，这是系统性红斑狼疮的一种，非常罕见。为了维持治疗，杨峻熙的爸爸妈妈都在外地打工。

随着年龄的增长，杨峻熙左脚变形的情况越来越明显，小峻熙已经没有办法正常行走，然而残疾带给她的不仅是生活上的不便，还有由于小伙伴们好奇带来的自卑感。每次峻熙向奶奶哭诉伤心事的时候，奶奶都会非常坚定地告诉她一定要坚强，残疾人并不比正常人差，靠自己的努力和坚持，一样可以做得很好。

好强的峻熙记住了奶奶的话，不仅不再因为别人的目光而困扰，反而帮奶奶做不少家务活。洗碗、扫地、刷水壶……各种事情都做得有模有样。有时候，奶奶太忙顾不上喝水，细心的峻熙专门倒好水送到奶奶跟前。现在，峻熙的脸上总是挂着各种有趣的表情，她说弄这些小表情都是为了逗奶奶开心，奶奶一开心，她自己也就跟着开心。

2019年4月，一次偶然的机会，峻熙跟着村里的老人们跳广场舞，奶奶发现了孙女的表演天赋，就每天给峻熙拍舞蹈视频。一方面是为了找到可以治病的医院；另一方面也是为了让峻熙锻炼身体，延缓腿脚萎缩，让她快乐、自信一些。

小峻熙的故事经过当地媒体报道后，济南山大二院主动联系小峻熙，对她进行会诊。医生决定首先矫正杨峻熙的左脚，然后再来控制红斑狼疮，并且帮她申请到了山东残联的帮扶款项进行脚部手术。同年9月20日，小峻熙的手术顺利进行。现在，小峻熙正在努力矫正，虽然过程非常痛苦，但是她每天都在咬牙坚持，因为她心里有个很大的梦想，就是长大以后成为一名舞蹈家，然后去帮助那些帮助过她的人，还有残疾人。

资料来源：https://tv.cctv.com/2020/10/15/ARTIIuWDvwFfAhBFMFFvIfzu201015.shtml

第三章

诚信做人，敬业乐业
——忠信篇

中国古代有三种主要的关系，即家庭关系、社会关系、政治关系。第二章孝悌是讲家庭关系的，本章中的"信"是讲社会关系的，"忠"是讲政治关系的。在家要孝悌，在外要诚信，做人要忠诚。这三种规范确定了社会的伦理秩序。古代人学习是为了做官，当代学生早晚也要步入社会，要踏上工作岗位，目标一致。那么，如何做一个诚信的人，如何忠于自己的事业呢？孔子给了我们一些很好的建议。

反复阅读这些经典语句，结合当今社会现状，体会孔子的意思，进行深入思考，从中悟出一个大义，这个大义就是规矩，即职业道德。社会发展到今天，各行各业都有规矩，大家都要遵从职业道德准则。

党的二十大报告指出，要"弘扬诚信文化，健全诚信建设长效机制。"我们要树立诚信文化理念，弘扬诚信传统美德。我们在传承传统诚信文化时，既要吸取传统诚信思想中的积极因素，又要摒弃其中的落后成分；还要根据时代发展要求，不断丰富其文化内涵，促进传统诚信文化与现代社会文明的交融，实现诚信文化的时代升华。

经典章句

3.1

【原文】

曾子曰："吾日三省①吾身：为人谋而不忠乎？与朋友交而不信乎？传②不习乎？"

——选自《论语》第一篇第四章

【注释】

①三省（xǐng）：多次反省。

②传：老师讲授的功课。

【大意】

曾参说:"我每天从多方面反省自己:替别人办事是不是尽心竭力了呢?与朋友交往是不是诚实守信了呢?对老师传授的功课,是不是用心实践了呢?"

【今思论语】

曾参,字子舆,孔子的弟子。曾子说他每天都要反思自己三次,关于"三"可以理解为三次,也可以理解为多次。"身"不是身体,是自己。我们要经常问问自己,批判性思维的最高境界就是对自己的行为进行批判性的反思。如果一个人缺乏批评性思维,每天生活在惯性中,就只能用旧习惯去延续生活。但多数时候,我们去审视别人,认为别人做事不对,整天挑别人的毛病,却不停下来反思自己的言行。曾子用这段话告诉我们要有批判性的思维。

曾子的三个问题,第一个"为人谋而不忠乎"是关于事业的。什么叫"忠"?古人有拆字为解,有"中心为忠"之意。尽心尽力地完成自己的工作,每天只想如何能够把工作做到最好,理解自己做每一件事的目的和意义。带着思想去工作,而不是日复一日只会完成领导的指令和要求,这样工作就不会索然无味,让人疲惫不堪了。要在工作中找到快乐,实现自我价值。

第二个"与朋友交而不信"是关于人际关系。强调与人交往一定要讲信用。大部分人觉得自己这方面没有问题,还是能做到言而有信的。事前不乱承诺,事后不乱道歉。可有时答应别人,事后反悔找借口推掉这件事;有时信口开河,随意承诺;有时敷衍了事,自己认为做到了,对方却觉得你并没有履行承诺。不要高估自己的信用,高兴时不要乱许诺,愤怒时不要发表冲动言论。

第三个"传不习乎"是关于个人修养。"传不习乎"有两种理解。一是曾子作为孔子学生的角度,可理解为"孔夫子教给我的知识,我没有努力去做";二是曾子自己作为老师的角度,可理解为"老师给学生传授那么多内容,也要反思自己有没有做到"。老师的言行时刻影响学生,要用自己教授别人的东西先来约束自己的行为,并不断地体会它、实践它。

这三点都属于自律的范围,是最基本的要求。道德分为高尚道德和道德底线。高尚道德是一般人都做不到,如果有人能做到,那是令人敬佩的,即使做不到,也无

可厚非，无人指责。在道德问题上，与其追求"高大全"，不如每个人都恪尽职守，守住底线。

3.2

【原文】
子曰："道①千乘之国②，敬事③而信，节用而爱人，使民以时。"
——选自《论语》第一篇第五章

【注释】
①道：通"导"，领导。
②千乘之国：是大国。乘，战车。春秋大国一般都有上千辆战车，鲁国不太大，但也是千乘之国。"国"是避汉高祖刘邦的讳而改字，本应作"邦"。
③敬事：敬业，恪尽职守之意。

【大意】
孔子说："治理拥有上千辆战车的国家，应该恭敬、谨慎地对待政事，并且讲究信用；节省费用，并且爱护人民；征用民力时要尊重农时，不要耽误耕种、收获的时间。"

【今思论语】
"敬事而信"中的"敬事"就是"敬业"。朱熹曾言"主一无适便是敬"。意思是说，做一件事时，精神集中，心无旁骛就是敬。敬业，小而言之，是对自己的工作及学习负责；大而言之，则是对整个社会的发展奉献自己的力量。"敬业"是社会主义核心价值观的关键词。敬业奉献是社会主义职业道德的本质特征，每个人都应保持敬业的态度，让敬业成为一种习惯。不仅要热爱自己的工作、全心全意投入工作，也要保持百折不挠、不断进取的精神。敬业看似平凡，实则伟大，对个人和国家、社会都有重要的意义。

"敬事而信"也是治理国家的首要方法和原则。"信"就是团队之间、臣民之间要有共同的信仰和目标。

"节用而爱人"是重要的管理方式，孔子在两千多年以前率先提出这个观点，一个国家发布政令要从老百姓的利益出发。而在当今社会"节用而爱人"更具时代意义，公司领导在做决定时，既要想到对员工会产生哪些影响，是否做到节用讲经济，保持公司现金流良好运转的同时，又要考虑到员工的感受，促进他们个人的成长和发展。

最后一句"使民以时"，孔子的意思是，在农闲的时候可以让老百姓建造大型工程，一定不能破坏老百姓的基本生产节奏，因为生计问题很重要。孔子的这句话具有人本主义的思想，考虑到了老百姓的难处。孔孟思想一直倡导上位者一定要以百姓为中心，这样才能让国家越来越好。孔子说的话比较温和，他在此句中提醒国君要敬事而信，节用而爱人，使民以时，不要劳民伤财。对应当下的创业团队，作为创业者既要知道现金流的重要性，节用而爱人，又要考虑团队成员的个人成长和发展。

3.3

【原文】

子曰："君子不重①则不威，学则不固。主忠信，无②友不如己者，过则勿惮改。"

——选自《论语》第一篇第八章

【注释】

①重：老成持重。

②无：作"毋"。

【大意】

孔子说:"君子如果不老成持重,不光没有威信,学到的知识也记不牢。行事做人当以忠信为主要原则,没有不如自己的朋友,有了过错,也不要害怕改正。"

【今思论语】

这段话也出自《论语·子罕》,可见这是非常重要的言论,也是《论语》中最难理解的一段话。

"君子不重则不威",孔子本人就是如此。远望孔子并不好接触,相处久了会发现他温柔可亲,师生之间的关系是可亲而不可犯。做到老成持重最重要的一点就是有自己的原则和立场,不为外物所动摇,不要变成欲望的奴仆。这不是要求所有人都做到无欲则刚、无欲无求,而是不能为了一点蝇头小利就动摇,丧失根本,出卖原则。

为何一个人"学则不固"?因为没有根基,容易被欲望带走,所学的东西就不稳固,会左右摇摆。一个人如果没有自己的原则和底线,哪怕学了再多的东西,一遇到诱惑、困难、压力就马上放弃,就是"学则不固"。一个人要把自己的学问和人生理想、品格牢牢地结合在一起,这才叫作"固"。

"主忠信"就是坚持忠信的原则,谋事必忠,说话算话。忠信不是他求,而是修身自立。忠信的本质是"正身""正身正行",以利他之心生活,就是最好的根基和最大的善心。孔子又说:"主忠信,徙义,崇德也。"在他看来,以忠信为原则,认地实践,就是在增进德行。儒家思想多从立德修身的角度畅谈忠信,但这种行为需要融入社会才能明白其意义。忠信对个体和社会来说,都具有举足轻重的意义。

"无友不如己者"这句话争议比较大,如果是指不要跟不如自己的人交朋友,那么人人都交不到朋友。苏轼、鲁迅都有过这样的疑问,如果只想跟比自己强的人交朋友,人家不跟你交往怎么办?南怀瑾、李泽厚则认为,没有哪个朋友不如你,每个人都有优点,都有值得你学习的地方,所以不要骄傲。同门为朋,同志为友,因此这句话也可理解为不要与和自己志向不同的人为友。但无论哪种解释,都是对自我的一种要求,如此,朋友圈会不断优化,得到的资源也会越来越好,结识的人在道德涵养、学术水平无论哪方面优于你都可以,大家相互学习,实现共赢。这句话代表着人要保持积极向上的心态,主动结交那些有闪光点,能给自己人生带来启发的人。

"过则勿惮改"中的"惮"是忌讳的意思。如果犯了错不要耿耿于怀,不要忌讳这件事。错误是学习的机会，一个人只有直面错误，勇敢承认错误，不忌讳错误，才能做到"过则勿惮改"。

这段话的含义非常丰富，学习要以"忠信"为根本，向优秀的人不断学习，如果犯了错也不用害怕，要勇敢面对，及时改正。

3.4

【原文】

有子曰："信近于义，言可复①也。恭近于礼，远②耻辱也。因③不失其亲，亦可宗④也。"

——选自《论语》第一篇第十三章

【注释】

①复：实践，履行。

②远（yuàn）：使远离，可以译为避免。

③因：同"姻"，婚姻关系为"姻"。

④宗：血缘关系为"宗"。

【大意】

有子说："承诺符合道德规范，才可兑现；态度谦恭符合礼节规矩，才不会遭受羞辱；姻亲之间如果能频繁走动，建立良好的关系，那也可以把他们当成宗亲。"

【今思论语】

这三句话是条件句，且为并列关系。

何为"信近于义"？讲信用是对的，但是必须符合大义。"诚信"是社会主义核心价值观的关键词，"人而无信，不知其可也。""言无常信，行无常贞，惟利所在，无所不倾，若是则可谓小人矣。"古往今来，凡是品德高尚之人，都具有诚实守信之德。北宋著名文学家、政治家晏殊，以"神童"之盛名参加了科举考试。让人想不到的是，那次的考试题目是他曾经做过的，且还得到过好几位名师的指点。晏殊毫不费力地从千余名考生中脱颖而出，并得到了皇帝的赞许。但晏殊并没有扬扬自得，在接受皇帝复试时，他还把情况如实告诉给了皇帝，并请求另出题目，当堂考他。晏殊的诚实得到了皇帝更多的赏识。此后，皇帝一再给他升官，直至他坐上宰相之位。

在这句话当中，孔子认为近于大义的信才是大信，必须去实践；不关义的信是小信，可以破例。孟子说过一句有力度的话："言不必信，行不必果，惟义所在。"小人会守信用，但小人做事不符合大义，"信近于义"的意思是一个人讲信用是对的，但必须符合大义。儒家的信一定要符合大义，不可无原则地守信用。诚信固然重要，但又不是僵化的，它会随周围环境因素的改变而改变。新时期的我们应加强学习，勤奋修身，这样才可能成为有诚信、懂大义、有担当，大写的、立体的"人"。

何为"恭近于礼"？有的人过分恭敬，接近于谄媚。恭敬固然是好的，但是过分客气难免自取其辱。所以，恭敬也要有尺度，要以礼法为底线，这样才能够远离耻辱。

"因不失其亲"中的"因"，李零先生的解释为"姻亲"的"姻"。古代社会很重视血缘关系，有血缘关系的称为"宗"，也称内亲、内宗；其次是婚姻关系，称为"姻"，也称外亲、外宗。此句的意思是虽然外亲比不上内亲，但是如果能够建立好关系，频繁走动，不失亲近，也等于"宗"，也要当作宗亲一样对待。

"信近于义""恭近于礼""因不失其亲"这三点是并列的，有子这段话告诉我们，很多事即便你认为是好的，也不能想怎样就怎样，要把握尺度，而这个尺度就靠平时多学习来获得。

3.5

【原文】

子曰："人而①无信②，不知其可也。大车③无輗④，小车⑤无軏⑥，其何以行之哉？"

——选自《论语》第二篇第二十二章

【注释】

①而：如果。

②信：信誉。

③大车：指牛车。

④輗（ní）：车辕和车辕前横木之间的连接器。

⑤小车：指马车。

⑥軏（yuè）：车辕前横木两端的木销。

【大意】

孔子说："一个人如果不讲信誉，真不知他怎么办。就像大车的横木两头没有木销子，小车的横木两头少了关扣一样，怎么能行驶呢？"

【今思论语】

在这句话当中，对于一个人不讲信用，孔子打了个比喻，所用的喻体是众所周知的车子。

大车是牛车，小车则是驴车、马车。"輗"是大车车辕前面横木上的销子。车辕上有个横木必须插一个销子，才能将牛和车链接上。小车上的"軏"也是这个意思。大车和小车如果都没有销子，它们该怎么跑起来呢？"輗"和"軏"是车和牲畜的连接器，看着不起眼，但若缺少了它们，车子就无法运行。所以孔子用这个来比喻，是想说明人与人之间也需要连接器。若要与人合作，就必须先连接在一起，人与人合作靠的就是信用，能够将彼此联系在一起，如果没有信用，合作也无法达成。比如现在的人如果上了失信人员名单，将无法坐高铁，无法坐飞机，也不能住酒店，可谓寸步难行。

在职场中，人与人之间需要互相信任，而信任感首先便来自诚信。

这个道理非常简单，无论一个人的工作能力有多强，也无论一个人的工作背景有多深，如果其本身就不诚信，身边的人很难相信这个人。在工作过程中，我们首先需要端正自己的工作态度，也需要尽量完成答应别人的工作，要有诚信。

其次，提高自己的专业素养。

要不断提高自己的专业素养，尽量让自己变成一个职业的人。在将来处理工作的时候，要尽可能用职业的态度来处理各种问题，不要过于意气用事，更不要把自己的情绪发泄到同事身上。另外，还要不断提高自己的专业程度，增强别人对自己的信任。

最后，营造彼此之间的信任感时需要遵守一定的规则。

如果你是一个团队的领导，就需要想办法制定合理的规章制度，再通过这些规章制度来约束每个团队成员的行为。在有效的规则之下，人与人之间的信任会进一步加强，团队成员之间也会互帮互助。

3.6

【原文】

子以四教：文①、行②、忠③、信④。

——选自《论语》第七篇第二十五章

【注释】

①文：文献、古籍等。
②行：指德行，也指社会实践方面的内容。
③忠：尽己之谓忠，对人尽心竭力的意思。
④信：以实之谓信。诚实的意思。

【大意】

孔子用文、行、忠、信四项内容教导学生。

【今思论语】

此句并非孔子所言，是后人对他教育内容的总结。

"文"并不是知识和文化，而是文献；"行"是社会实践，身体力行做事；"忠"是处世的原则；"信"是立身的标准。这是孔子教育的主要内容，并不是所有内容，他所教授的更多是人生的境界和生活的态度，蕴含着深沉的智慧。

3.7

【原文】

曾子有疾，孟敬子①问之。曾子言曰："鸟之将死，其鸣也哀；人之将死，其言也善。君子所贵乎道者三：动容貌，斯远暴慢矣；正颜色，斯近信矣；出辞气，斯远鄙倍②矣。笾豆③之事，则有司④存。"

——选自《论语》第八篇第四章

【注释】

①孟敬子：鲁国大夫仲孙捷。

②鄙倍：鄙陋，错误。倍，通"背"，悖理，错误。

③笾（biān）豆：祭礼时使用的器皿，笾是竹制的，豆是木制的。笾豆之事，在此代表礼仪中的一切具体细节。

④有司：主管祭祀的官吏。

【大意】

曾子生病了，孟敬子去探问他。曾子说："鸟将要死时，鸣叫声是悲哀的；人将要死时，说出的话是善意的。君子所应当注重的有三个方面：使自己的神态庄重、严肃，这样就可以避免别人的粗暴和怠慢；使自己面色端庄严正，这样就容易使人信服；讲究言辞和声气，这样就可以避免出现错误。至于礼仪中的细节，自有主管部门的官吏负责。"

【今思论语】

此时的鲁国是季孙、孟孙、叔孙三家当权，其中孟敬子即仲孙捷，是孟武伯的儿子，

孟氏的继承人，生卒年不详。此事发生在孔子死后。

此章是讲曾子生病孟敬子去看望他，他认为自己快死了，所以说"鸟之将死，其鸣也哀；人之将死，其言也善。"这句话非常有名，经常被文学作品引用。人快死了，就和平常不一样。司马迁体会过这种临界状态，他在《报任安书》中所言就是苟活之人与将死之人的对话，正因他有这种体会，所以写"人之将死"写得特别精彩。

曾子在此句中说君子学道时，最重要的三件事是动容貌、正颜色、出辞气。人与人之间的交流最重要的就是第一印象，初次见面留下的印象至关重要。"动容貌"是肢体语言，可以通过非语言信息来判断一个人语言的真实性和可靠性。"正颜色"是脸上的表情要端正，不能挤眉弄眼，这样才能获得对方的尊重和信任。"出辞气"是说话要得体、文明，不恶俗，不带有戾气，要彬彬有礼、温文尔雅。

笾豆是古代祭祀用的礼器，因此，笾豆之事指代祭祀的礼仪。因为这是对孟敬子说的，是告诉他不要去管琐碎的礼仪流程，让相关人士负责就可以了。你要做的就是管理好肢体语言、面部表情和语言，这样别人才会敬你、信你、认可你。

拓展阅读

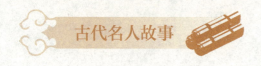

成长的前提是忠信

有一天，孔子师徒从卫国返回鲁国，在桥上停车观赏河上的风景。只见瀑布高悬，水流旋转，鱼鳖不能游动。这时，他们却看见一个男子正要从那里泅渡过河。孔子担心，赶忙让人去阻止。男子却坚持泅渡，最后游了出来。孔子感到奇怪，问："你在如此湍急的水流中泅渡，有什么技巧吗？"男子说："始吾之入也，先以忠信；及吾之出也，又从以忠信。忠信措吾躯于波流，而吾不敢以用私，所以能入而复出也。"

意思是说遵循水性，顺从水流，没有任何差池，这就像用"忠信"托着身躯，在急水湍流中平稳前进一样，所以能游入水中而又安全游出。

这一场景让见多识广的孔子都感到吃惊。于是，他告诉弟子，说："你们记住，用忠信成就自身尚且可以用来亲近水，更何况人呢？"这里的"忠信"便是掌握自然规律，顺势而为，尽心竭力，不可偏离规则之意。这就是"忠信"的本义。

弟子谨记孔子的教诲，并在为政生涯中加以实践。子路治理蒲地三年后，孔子经过那里时说："好啊，仲由恭敬而有诚信。"进入城邑，孔子说："好啊，仲由忠信而宽厚。"孔子到了子路的官署，说："好啊，仲由明察而果断。"子贡拉着缰绳，疑惑地问："夫子还没有看到仲由怎样施政，就如此称赞，说来听听？"孔子说："进入蒲地，看到田地都得到了整治，沟渠都得到了深挖，这说明他为政恭敬而诚信，因此百姓尽力劳作。进入蒲邑，看到城墙房屋都很坚固，树木很茂盛，这是因为他忠信宽厚，因而百姓毫不懈怠。进入蒲地，看到官署内很清闲，手下人都听从命令，这说明他明察而果断。"子路为政，以"忠信"治理蒲地，不仅自己恭敬诚信，还要以"忠信"教化百姓，使他们毫不懈怠，尽心竭力工作。

资料来源：https://www.jianshu.com/p/c2f7b6318d55

时代楷模

第五届全国诚实守信模范
"信义老爹"——杜长胜"替子还债"

2010年，杜长胜老人的大儿子借债300多万元，准备开面粉厂，结果工程还未完工，便和妻子相继在交通事故中离世。

人生最大的悲剧莫过于"白发人送黑发人"，晚年丧子对老人来说是最沉重的打击。

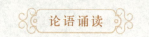

在儿子、儿媳去世之后,杜长胜老人内心的伤痛不言而喻,打击不可谓不大。但是杜长胜老人没有在打击中崩溃,而是挺起了坚实的脊梁,不仅挑起了家庭重担,而且还把儿子、儿媳所欠的外债一并承担,他说:"只要有儿子、儿媳妇的签字,我都认!你们放心,就算倾家荡产,我也要把这些账还了!"

杜长胜老人是这样说的,也是这样做的,在接下来的日子里,他东挪西借、省吃俭用,用5年的时间还清了儿子、儿媳欠下的330万元巨债。在还账期间,杜长胜老人每天为还债而奔波,低价卖了儿子在城里的房子还债、带着年幼的孙子用厂子里剩余的一些原料小规模生产、跑销路、装车、卸车、送货等,直到实在干不动了,才把厂子卖了还债。

就连儿媳妇的车祸赔偿金在给了亲家一部分之后,剩下的也被老人拿去还债了。老人曾说过一句话:"钱算什么,没有用,儿子不在了,不能给他留骂名,再苦再累,我也要让孙子挺起腰杆。"

杜长胜老人"替子还债",一句承诺信守一生的事迹传扬开之后,引来了世人一片赞扬,被人们尊称为"信义老爹",他的事迹也被改编为电影,名扬全国,他的信义精神也被人们广为传颂。

2015年,杜长胜老人当选为第五届全国诚实守信道德模范,另有多重荣誉傍身。杜长胜老人堪称"当代季布",一诺千金的"信义精神"在他身上再度完美展现。

诚实守信,一诺千金,就是杜长胜老人的代名词。

资料来源:https://www.163.com/dy/article/HBJUCGJK0553E0DF.html

第四章

知行合一，终身学习
——为学篇

论语诵读

孔子的伟大之处很多，其中最值得人尊敬的是他好学的品质。正是因为他勤奋好学，才能成为一代圣人，才能成为万世师表。在中国长达数千年的文明史中，孔子恰居其中。他总结凝练了在他之前两千多年的文化，又开创了在他之后两千多年的文化。

在《论语》中，我们能看到孔子曾这样评价自己："十室之邑，必有忠信如丘者焉，不如丘之好学也。"可见，好学是成功的法宝。孔子晚年曾这样评价自己的一生："吾十有五而志于学，三十而立，四十而不惑，五十而知天命，六十而耳顺，七十而从心所欲，不逾矩。"孔子还说，"五十以学易，可以无大过矣。"在学习方面，孔子无疑取得了巨大的成功。学习是孔子生命的起点，也是孔子生命的终点。他善学、乐学，又能持之以恒地向所有人学习，最后成为集大成者。随后，孔子又不断把所学知识向民间传送，最终成为一代至圣先师。

反观当今社会，党的二十大报告指出："教育是国之大计、党之大计。培养什么人、怎样培养人、为谁培养人是教育的根本问题。"党的二十大报告还指出："育人的根本在于立德。全面贯彻党的教育方针，落实立德树人根本任务，培养德智体美劳全面发展的社会主义建设者和接班人。"国无德不兴，人无德不立，育人之本，在于立德铸魂。千百年来，我们从未停止过探索教育真谛的脚步，德行为先，立德树人，是国家各项事业不断获得新发展的关键所在。学习对于我们而言，究竟意味着什么？让我们一起跟随孔子的脚步，观察孔子是如何看待学习，又是如何学习的。找回学习的初心。

经典章句

4.1

【原文】

子曰："学而时习①之，不亦说②乎？有朋自远方来，不亦乐乎？人不知而不愠③，不亦君子乎？"

——选自《论语》第一篇第一章

【注释】

①习：本意是鸟儿练习飞翔，在这里是练习、实习的意思。

②说（yuè）：同"悦"，高兴、愉快的意思。

③愠（yùn）：怒，怨恨、不满。

【大意】

孔子说："按一定时间去实践学到的东西，不是也很高兴吗？有志同道合的人从远处来，不也是很快乐的吗？别人不了解自己，自己却不怨恨，不也是有修养的君子吗？"

【今思论语】

这是《论语》中的开篇第一章，讲的是学习的方法。学习是我们人生的头等大事，也是贯穿始终的事情。如果我们不去学习，没有新的思维和更多的知识作为支撑，时间久了，就会浑浑噩噩，没有方向。我们只有通过不断地努力学习，按照圣贤所教的为人处世之道去修正自己，才会变得更博学、更有知识、更有智慧，才会使生活更美好，才会使心胸更开阔。

子曰："学而时习之，不亦说乎？"其中的"时"是经常的意思。"习"是温习、实践、应用、体悟之意。我们只有不断学习，并且在生活中去求证、去验证、去应用和实践，内心才会生出喜悦。而现在，大多数人学了很多知识和文化，却并没有应用到生活和工作当中，也没有去实践和求证，这种学而不习，就无法生成自己的智慧。生活中有很多成人和孩子越学习越痛苦，越学习越迷茫，原因就在于学来的知识没有实践和应用。例如，我们学习唱歌和画画时，如果只是学了理论知识，而没有反复练习，也没有掌握，喜悦又从何而来呢？只有自己通过练习和实践，唱出情感和画出内心，它才是美妙的。学习任何文化知识和技能时都是如此，学习以后还应在生活中不断地加以应用和实践，如学习了开车，只有当自己能亲自开车上路，反复实践，才能体验到驾驶的乐趣，这时内心才会感到喜悦，才会有成就感。学习圣贤文化时更是如此，读《论语》更偏重于如何将其中的知识在生活和工作中应用和实践，只有领悟了真理，内心才会产生喜悦。

"有朋自远方来，不亦乐乎？"古代同师为朋，同志称友。在生活当中，从远方来了一位朋友，我们不一定高兴，因为生活的困窘，可能还会不高兴。那么什么样的朋友来到，我们会特别高兴呢？志同道合的朋友来了以后，我们会特别高兴，如我们爱好书法，这时来了一位同样爱好书法志同道合的朋友，可以交流探讨分享，这样就会特别快乐。如何才能让志同道合的朋友来到我们这里呢？首先我们要学而时习之，自己有某一方面的兴趣爱好，有某一种志向，这样才会吸引同频的朋友到来。如果我们不爱圣贤文化，不学修行之道，没有爱好，何来志同道合。

"人不知而不愠，不亦君子乎？"这里的"人"不是普通人，对于那些像孔子一样想要济世安民的文人儒士来说，这里的"人"指的是国君，国君不了解臣子，这是多么令人沮丧的事。"愠"就是烦恼、情绪、抱怨、不高兴之意。我们学了很多知识和文化，懂得修养身心，即使君主不了解，也不会因此生出烦恼和抱怨，也不会有任何不高兴的情绪，这岂不是君子风范吗？

《论语》开篇就讲了人生的三重境界。第一重境界：学而时习之，不亦说乎？这是内在喜悦的境界，我们只有先通过学，再通过习，才会生出内心的喜悦。第二重境界：有朋自远方来，不亦乐乎？这是外在快乐的境界，外在快乐的境界是从内在的喜悦而来。当我们通过不断地学习和醒悟，建立了内在的喜悦后，外在的快乐自然容易获得，这时不只是朋友的到来会快乐，做所有的事情都快乐，经营家庭、事业、人际关系同样都可以感到愉悦。第三重境界：人不知而不愠，不亦君子乎？即使没有人了解自己，没有人知道自己的学识和智慧，我们也不会烦恼。当我们不需要向外求，不需要证明给任何人看，学习不为名利，只是为了提升自己的水平时，我们就会感到坦然和快乐。这时可能有人会问，学习难道不是为了让事业变得更好吗？难道不是为了让人际关系变得更好吗？当然是，可是我们的思维要转变，不需要刻意去取悦任何人，也不需要刻意去表现自己。当我们内在有修养，外在有德行时，事业自然就会变得顺遂，家庭自然就会变得和谐，人际关系自然就会变得美好。所以，要调整思维，先向内求，不需要刻意表现和向外追逐，一切都会水到渠成的。

4.2

【原文】

子曰:"君子食无求饱,居无求安,敏于事而慎于言,就有道①而正②焉,可谓好学也已。"

——选自《论语》第一篇第十四章

【注释】

①有道:指有道德、有学问的人。

②正:端正、修正。

【大意】

孔子说:"君子饮食不求美味和饱足,居住不求舒适安逸,办事勤快敏捷,说话却谨慎,到德行高尚的人那里匡正自己,这样就可以称得上是好学了。"

【今思论语】

在本章中,孔子觉得身为君子,不应过分地追求口腹之欲和安身之所,而要勤勤勉勉地做好本职工作,在言行方面谨慎小心,多向有道德的人学习,改掉缺点,才算是好学之人。

孔子认为,君子在衣食住行方面应倾向于粗衣粝食、荜门委巷,要将更多的精力和智慧投入治事、学习和精神修养上去,不要过度追求物质生活,而应该尽力做好分内之事,提升涵养不仅要细化到一言一语,还要向比自己优秀的人学习。这样诚恳而务实的叮咛,即使历经两千多年,依旧能够指导现代人。

我们也许会产生这样的疑惑:为什么要克制物质欲望呢?难道解决温饱问题不对吗?实际上,孔子不是要求我们吃饭不能吃饱,住所一定要破敝不堪,而是说,超出温饱后过于优裕的物质享受,是隐藏心魔的深潭。《水浒传》中有这样一句话:

"苟图富贵虎吞虎，为取功名人杀人。"即人为了富贵功名可以像野兽一样凶狠恶毒、同类相残。在封建社会，"富贵功名"四个字所代表的物质享受都是超出温饱所需的，而正是这样的物质享受，才让人失去了人性。社会越是进步，物质生活条件越是优越，我们越要懂得节制和节约，而不要让美好的生活成为心魔生长的深潭。

那要如何克制自己的欲望呢？唯有不断学习，不断靠近德行高尚的人，多向有道德的人学习，不断反省，从而改掉自身的缺点。只有那些好学之人才能及时克制自己内心的欲望，免得误入歧途，酿成迷失心智的悲剧。

4.3

【原文】

子曰："温①故而知新，可以为师矣。"

——选自《论语》第二篇第十一章

【注释】

①温：温习，复习。

【大意】

孔子说："温习以前学过的知识，能从中有新的发现和收获，就可以为人师长了。"

【今思论语】

孔子在本章中强调了学习的主动性，认为在学习中应当养成时常温习的习惯并拥有举一反三的能力，这样对于所学的内容就会有实质性的领悟和突破，才能推陈出新。我们学习古人的思想和经验，不能将自己的思想局限在古人的思想和经验中，而要在他们基础上建立新的思想，总结新的经验。如果做学问没有这样的功夫，仅将前人的思想或经验复述一番，即使知识再渊博，也不过是一个活图书馆，不能学以致用。推陈出新并非盲目求异，而是言论有基础，立论有依据，各种新见解一定都是经过深思熟虑后的。

今天的我们身逢中华民族伟大复兴的历史机遇，中华传统文化继承、发展和创新是这个时代的重大课题。研习中国传统文化时，我们就需要牢记孔子所讲"温故而知新"的原则。

4.4

【原文】

子曰："学而不思则罔①，思而不学则殆②。"

——选自《论语》第二篇第十五章

【注释】

①罔：通"惘"，迷惘、迷惑，没有收获。
②殆：疑惑、危险。

【大意】

孔子说："若是只知道学习而不去思考，就会迷惘无所得；若是只知道空想而不去学习，那就是不切实际，就会疑惑不安。"

【今思论语】

孔子在本章中的观点十分明确，他认为学习离不开思考，思考也不能脱离学习，两者相辅相成，缺一不可，这是学习最基本的方法。

在学习的过程中，如果对学习的知识只是死记硬背，而不去思考，那么，所学到的内容充其量只是一些文字堆积起来的符号而已。这种来自书本和老师的知识，如不加以思考，很难在大脑中形成稳固的知识结构，也很容易忘记。许多人毕业几年以后,如果从事与所学专业无关的工作,其所学的知识很快就会遗忘殆尽。其次,许多人空有理论,缺乏深入思考,以至于在实践中相当笨拙。学习之后,只有通过思考才能掌握其中精华,将多个知识点融会贯通,洞察事物的内在联系,形成自己的独到见解。只有这样,才能把知识应用于实践,达到学以致用的效果。可见,学习知识虽然很重要,但若缺乏相对应的思考,学到的就只是一些死板的知识,很难在生活中应用,更别提创新和发展了。

光学习不思考不行,光思考不学习也不行。思考是一种能力,这种能力的养成离不开知识的积累,需要以知识作为思考的材料和对象,并以知识凝结作为思考的结果。倘若没有积累到足够丰富的知识,只是一味地冥思苦想,就好比不加油的发动机在那里空转,不仅没有任何效果,还可能产生危险。这种没有一定知识做基础的空想和瞎琢磨,就像无源之水、无本之木。思考也得建立在已有的知识和经验之上,才能有所收获。若不经学习,仅凭空想,只能徒劳无功。

在孔子看来,天下万物皆有其道理,只要用心体会,都能有所得。但在体会之前,必须先从这些事物中分辨出哪些是自己需要的东西,并对其加以学习,经过勤奋地实践,然后再从中有所悟道,这才叫学。等学到了这些道理以后,若是经过反复琢磨和研究,彻底了解了其中的精妙之处,这就是思。学与思二者缺一不可,若是埋头学习,而不去思索,永远都不会明白其中的道理,领会不到其中的精髓,最终还是会迷惘不已。但是,若每天都不用心学习,只知道胡思乱想,最终只会身心疲惫、惶恐不安。由此可见,学习的时候必须借助于思考,才能将所学的知识弄透彻;在思考之前得有一定的知识作为基础,这样思考出来的东西才有价值。学与思无论偏重哪一个,都很难获得真正的学问。

4.5

【原文】

子曰:"由①!诲②女③知之乎!知④之为知之,不知为不知,是知也。"

——选自《论语》第二篇第十七章

【注释】

①由：姓仲，名由，字子路，卞（故城在今山东泗水县东五十里）人，孔子的弟子。
②诲：教导、教诲。
③女：同"汝"，你。
④知：知道。

【大意】

孔子说："仲由！我教给你对待知和不知的正确态度吧！知道的就是知道，不知道是不知道，这就是真正的智慧啊！"

【今思论语】

本章中"知之为知之，不知为不知"这句话，可以说是广为人知，常被后人用来衡量对待知识或做人的态度是否诚实，尤其是在做学问的时候，更是来不得半点虚伪。

圣人教学必定是因材施教。子路的个性是好勇，他很勇敢，路见不平拔刀相助，不畏牺牲。有义气、很果决是他的优点，但也由此而产生了一些缺点，就是冲动、好强、过于自信，有的时候强不知以为知，不服输。所以孔子教导他要戒除强不知以为知的毛病。告诉他我们如何来求学？如何做君子、做圣人？如何求知？方法就是"知之为知之，不知为不知"。

人若虚荣，常常强不知以为知。一知半解就认为自己什么都明白，这就是自欺欺人。自己的学问也就因此无法再继续增长。没有诚敬的心，学习只是为了装饰自己，对于自己的不足之处一再掩饰，这样就无法进步。所以孔子这里教诫子路，教诫得非常中肯。因为不仅子路会有这种毛病，很多人都会有。我们读《论语》这一条，要反省一下自己，看自己有没有。

我们只有承认自己有所不知，才能更加努力学习，进步才能快。然后在所知的基础上，继续求新知，这样对自己学问的增进才会有益处。

4.6

【原文】

子贡问曰:"孔文子①何以谓之'文'也?"子曰:"敏②而好学,不耻下问,是以谓之'文'也。"

选自《论语》第五篇第十一章

【注释】

①孔文子:卫国大夫,姓孔,名圉,文是其谥号。
②敏:敏捷、勤勉。

【大意】

子贡问道:"孔文子为什么能得到'文'的谥号呢?"孔子说:"他聪明、灵活,爱好学习,又愿意向不如自己的人请教,所以才得到'文'的谥号。"

【今思论语】

古代的帝王、诸侯、文臣武将等社会地位相对较高的人去世后,后人按其生平事迹进行评定后,给予或褒或贬的称号,称为谥号。评价一个人物的是非功过,往往不是只言片语就能叙述清楚,古人为了方便对历史人物盖棺论定,选择用谥号来进行概括。谥号始于西周,字数不定,或一两个字,或二十余字,情况较为复杂。帝王的谥号,由礼官议上;臣下的谥号,由朝廷赐予。

谥法初起时,只有"美谥""平谥",没有"恶谥"。"恶谥"源自西周共和行政以后,即周厉王因为暴政"防民之口甚于防川"等被谥为"厉"。谥号根据谥法选定,谥法规定了一些具有固定含义的字,供确定谥号时选择。这些字大致分为以下几类。

上谥,即表扬类的谥号,如"文"表示具有"经纬天地"的才能或"道德博厚""勤学好问"的品德;"康"表示"安乐抚民";"平"表示"布纲治纪"。

下谥,即批评类的谥号,如"炀"表示"好内远礼";"厉"表示"暴慢无亲""杀戮无辜";"荒"表示"好乐怠政""外内从乱";"幽"表示"壅遏不通";"灵"表示"乱而不损"等。

平谥,多为同情类的谥号,如"愍"表示"在国遭忧""在国逢难";"怀"表示"慈仁短折"。

文,作为谥号,它是有讲究的。我们常说一个人有经天纬地之才,上知天文下知地理。道德博闻、学勤好问、慈惠爱民、愍民惠礼、赐民爵位,有这些特点的人才可以称为"文",否则不够资格。

由此可见,孔圉死后谥号为"文",这是对他的极高赞誉。子贡觉得他配不上这个谥号,就问自己的老师,孔圉凭什么谥号为"文"呢?孔子却认为谥号为文是恰当的。因为孔圉很聪明,聪明的人常常不够勤奋。但是,孔圉既聪明,又勤奋,敏而好学。孔文子是卫国大夫,权势很大,地位很高。地位高的人往往傲慢,看不起别人,孔圉则能做到不耻下问。所以,无论他是什么人,以其"敏而好学,不耻下问"这个突出的优点,就完全配得上谥法中的"学勤好问曰文"这一条。

当一个人比较聪明的时候,往往会自视过高,稍微一看就懂,一听就会,往往就很自负,不谦虚,也不够勤奋,最后的结果就是本来是个好苗子,到最后并没有成大器。所以"敏"只是比普通人强一点,而智慧、聪明,又好学的人才是值得推崇的。真正厉害的人,不以"身份地位"来决定要不要请教,而以"我知不知道?对方知不知道?"作为评判标准。孔圉不以下问为耻,这也可以称为"文"。由此可见,孔子对"敏而好学""不耻下问"两种学习品行的看重。

4.7

【原文】

子曰:"知之者不如好之者,好之者不如乐之者。"

——选自《论语》第六篇第二十章

【大意】

孔子说："（对于学问、知识、技艺等）懂得它的人，不如喜爱它的人，而喜爱它的人，又不如以它为乐的人。"

【今思论语】

孔子在本章中强调了爱好和兴趣对学习的作用，在他看来，学习可以分为知之、好之、乐之三个层次，随着层次的递进，人的好学的程度也在加深。

很多人认为自己不得不学习，理由如"爸爸妈妈要我好好读书""学好了才能找到好工作"等，这就是"知之者"，他们不会想着更新自己的知识，不会想着如何让自己变得更好。随着互联网的发展，学习模式发生了改变，线上学习越来越流行，人们能接触的知识也越来越多。有的人开始有目的学习，如培养兴趣爱好、拓宽知识领域、构建知识体系等，一般都是为了提升自己，这就是"好之者"。而在第三个层次中的"乐之者"，则是因为热爱、享受这个过程而学习，如很多科学家坚持做科学研究，是因为热爱才能做到为之奋斗终身。

这三个层次，从最开始的"知之者"逐渐走向"乐之者"，从被动学习，到主动学习，再到喜爱学习，这就是不断向前迈进的过程。

4.8

【原文】

子曰："不愤①不启，不悱②不发③。举一隅不以三隅④反，则不复⑤也。"

——选自《论语》第七篇第八章

【注释】

①愤：思考问题时有疑难想不通。

②悱：想表达却说不出来。

③发：启发。

④隅：角落，方面。

⑤复：再。

【大意】

孔子说："教导学生，不到他冥思苦想仍不得其解的时候，不要去开导他；不到他想说却说不出来的时候，不要去启发他。在指出一方面问题后，如果他不能由此举一反三，灵活应用，便不必再往下讲了。"

【今思论语】

教育中的"启发"就是出自此处。"愤"是憋在心里的感觉，是对一个问题冥思苦想之后，仍得不到答案的痛苦和挣扎。"启"是老师用问问题的方式，让学生得出问题的答案。"悱"是话到嘴边却不知如何表达。"发"是在老师的启发下，学生表述出自己的想法。这个过程是在师生共同努力的情况下完成的，经过这样的过程，学生才能有所收获，而不是老师"填鸭式"机械性地教学。

"举一隅而不以三反"中的"隅"是指桌子角，而一张桌子有四个角，在此处指代事物的一个方面，即如果老师教给学生一方面内容，而他却不能以此来说明另三个方面的内容，便不必再往下讲了，所以孔子说"则不复也"。表明对于问题要反复思考，才会有收获。

在本章中，孔子提到了教育者应当激发学生主动思考的能力，让受教育者自主开启心智，面对问题能够独立思考。孔子在本章中还进一步阐述了"启发式"的教学思想，对"填鸭式"的机械教学做法极为反对。他希望学生能从所学之中有所感悟，并做到"举一反三"。

4.9

【原文】

叶公①问孔子于子路，子路不对。子曰："女奚②不曰，其为人也，发愤忘食，乐以忘忧，不知老之将至云尔③。"

——选自《论语》第七篇第十八章

【注释】

①叶（shè）公：楚国大夫沈诸梁，字子高。封地在叶邑，今河南叶县南三十里有古叶城。古代"叶"用在地名上，读音是shè，后来读音逐渐变成yè，约定俗成，读叶yè公也对。成语"叶公好龙"中的叶公同本文段中的叶公是同一个人。

②奚（xī）：何，为什么，怎么。

③云尔：云，如此；尔，同"耳"，而已。

【大意】

叶公问子路孔子是个怎样的人，子路没有回答。孔子说："你为什么不这样说：孔子这个人发愤学习，用功得连吃饭都忘记了，快乐得连忧愁都忘记了，连自己快要衰老了也不知道，如此罢了。"

【今思论语】

《孔子年谱》中记载：鲁哀公六年（前489年），孔子六十三岁，吴伐陈，楚来救，陈国大乱。孔子去陈。绝粮于陈、蔡之间，遂适蔡，在负函（原是蔡国故地，现在属于楚国，叶公驻守于此）见叶公。叶公是楚国贤臣，对孔子虽然敬仰，却没有真正与孔子打过交道，不知孔子为人，私下与子路打听孔子，子路不知道叶公问孔子的本意是什么，所以避之不答。孔子用几句朴实平易的话，在无意中就向我们展示了乐观进取、积极好学的形象。

对于人生，每个人都有着自己的理解。在孔子的眼中，努力学习求知、不断充实自己才是人生中最大的乐趣。这种乐趣，可以让他冲淡对功名利禄的欲望，忘记忧愁与年龄。孔子在此前曾多次提到自己是个好学的人，而且，他所掌握的知识有很大一部分都是比较深奥的学问，很难理解，若是没有经过发奋的学习，是很难熟练掌握的。孔子的好学不是苦学，而是乐学。为了证"道"，他曾不远千里跑去洛邑求教于老子。还有，在偶然齐听到《韶》乐时，就深深地沉浸在其美妙之中，竟然三月不知肉味。这都是自觉的投入，而且他在学习的过程中得到了乐趣，充实了心灵。

好学是中国人的优良传统，乐学者历代不乏其人。汉代大儒董仲舒在年轻时为了能够专心学习，谢绝了一切社交活动，甚至还将自己的书房给围了起来，几乎与外界隔断了联系。而且，董仲舒还不知疲倦地终日诵读，偶有所得便奋笔疾书，过得悠哉乐哉。他这次"闭关"有三年的时间，可在他看来只是几个昼夜而已，对于外界的变化竟浑然不觉。后来，他在罢官之后，为了能让自己在学问上更进一步，就再一次进行了"闭关"，此次竟然长达十七年。在此期间，他完全忽略了时间的存在，不但对《春秋公羊传》有了更加精深的理解，还逐渐形成了自己独特的理论，为后世留下了《春秋繁露》。

学习是没有止境的，知识也是无穷尽的，虽然一个人的生命很短暂，但这并不能成为求学路上的障碍。只有明白活到老、学到老的道理，才能真正体会到学习的乐趣，做到"发愤忘食""不知老之将至"的地步。孔子正是有着这样的信念，才会孜孜不倦地学习，即便步入晚年依然如故。在孔子看来，学习本身就是一件快乐的事，能给人带来无穷尽的欢乐，因为学习的过程就是一个不断充实自我的过程。在这个过程中，即便你的内心有着忧愁和空虚，也会被学习带来的乐趣冲淡。

在如今这个纷繁复杂的社会中，人们更加需要通过学习快速给自己定位，通过汲取大量的精神食粮，填补心中的空虚，找寻属于自己的快乐。人倘若稍有懈怠，就有可能被时代的洪流所淹没。孔子自述其心态为"发愤忘食，乐以忘忧"，这是求知之心到了一种忘我忘情的境界啊。孔子的这种人格和境界为后人树立了榜样，也指明了方向。

4.10

【原文】

子曰："三年学，不至①于谷②，不易得也。"

——选自《论语》第八篇第十二章

【注释】

①至：通"志"，想到。

②谷：小米，这里指为官的俸禄。

【大意】

孔子说："读了三年书，还没有想着去做官拿俸禄，这是很难得的。"

【今思论语】

在古时，三年是学习的一个阶段，学满三年就能出仕做官了。不过，在本章中我们可以看出，孔子重视的是学习本身所带来的快乐。虽然办教育的主要目的是为国家培养济世安邦的人才，但是孔子更看重的则是以做学问为主要目的的人。自古以来都是"十年窗下无人问，一举成名天下知"。人在读书之后可以做官，可以得到功名利禄，是所有职业中最好的选择，真所谓"万般皆下品，唯有读书高"。孔子办学，名满天下，前去求学者甚多，而多数为的是自己的前程。孔子对读书做官究竟持何种态度呢？他不反对读书做官，而且还给予学生鼓励和帮助。孔子明确地表明过对"学而优则仕"的肯定和鼓励。但是，他更看重那些淡泊名利，一心为了追求真理而求学的人，并感叹这样的人实在太少了。例如颜渊，一生追随孔子，追求道德学问，而无他求。孔子多次称赞他"好学"，并为他英年早逝而痛心不已。但孔子鼓励弟子们出仕的目的是让他们在自己的职位上施展才华，报效国家。

当官应当先学圣贤之道，学礼乐刑政之术，然后为国家、社会、人民服务。如果只以升官发财为目的，"三年学"也只是用来当作升官发财的手段，其结果则是令人担忧的。读书人出仕，应以纸砚为田亩，以刀笔为犁锄，获取谷米，这是社会分工和社会进步使然。但要是只想着升官发财，以至于"千里做官只为钱"，甚至"三年清知府，十万雪花银"，则人书俱废，不但读书的价值没有了，就连做人的价值也没有了。在当今社会，如果遇到真心喜爱一样东西或某种学问，而忘记了功名利禄的人，我们一定要另眼相看，因为大多数人最普遍的价值标准是把功名利禄看得很高，难得有人在功名利禄之上还能看到更高层次的东西。

4.11

【原文】

子曰:"语①之而不惰者,其回也与②!"

——选自《论语》第九篇第二十章

【注释】

①语(yù):告诉。

②与:同"欤"。

【大意】

孔子说:"听我说话而能始终不懈怠的,大概只有颜回吧!"

【今思论语】

孔子的学问很渊博,他讲的内容有通俗易懂的,也有艰深难解的,而颜回资质聪颖,潜心学问,乐在其中,每次听孔子讲授时,都如春风化雨,滋润心田,故能生长知识之稼,学问之穑。颜回对老师的教导句句皆能领会,所以从不懈怠。要做孔子的弟子并不容易,他只讲一遍,如不明白,便不再说,所以有惰语之时,惰语就是不必再跟你多说了。不教你,其实也是在教你,这是逼着你下次要认真听。颜回很好学,而且学习非常专注,不仅老师讲的道理他一听就明白,而且能够举一反三,孔子对他赞誉有加。

老子说:"为之于未有,治之于未乱。合抱之木,生于毫末;九层之台,起于累土;千里之行,始于足下。"纵观人类历史的长河,那些闪耀千古的圣贤们,无一不都是那些习惯从小事做起,修身为本,如履薄冰,并能持之以恒,把热爱的事业做到极致的人。

晋代大书法家王羲之的儿子王献之在八岁时就跟父亲学习书法,他聪明好学,

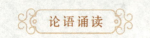

每天都要伏案练字。可是，时间一长，王献之有点儿沉不住气了，感到厌烦，想走捷径，就问父亲学书法有什么秘诀。

王羲之指着家里的七口大水缸说："秘诀就在这七口大缸里，你把这七口缸里的水写完，自然就知道其中的秘诀了。"王献之从此苦练基本功，写完了七口大缸里的水，终于成为与父亲齐名的大书法家。

可见，学习贵在坚持。

4.12

【原文】

子路问："闻斯行诸？"子曰："有父兄在，如之何其闻斯行之！"冉有问："闻斯行诸？"子曰："闻斯行之。"公西华曰："由也问'闻斯行诸'，子曰'有父兄在'；求也问'闻斯行诸'，子曰'闻斯行之'。赤也惑，敢问。"子曰："求也退①，故进之；由也兼人②，故退之。"

——选自《论语》第十一篇第二十二章

【注释】

①退：性格懦弱，遇事退缩不前。

②兼人：好勇过人。

【大意】

子路问："凡事一听到就去做吗？"孔子说："有父亲、兄长在，怎么能一听到就去做呢！"冉有问："凡事一听到就去做吗？"孔子说："当然一听到就要去做。"公西华说："仲由问'凡事一听到就去做吗'，您说'有父亲、兄长在，怎么能听到就去做呢？'；冉求问'凡事一听到就去做吗'，你说'当然一听到就要去做'。我有些糊涂了，斗胆想问问老师。"孔子说："冉求平日做事退缩，所以我激励他；仲由好勇胜人,所以我压制他。"

【今思论语】

本章中的故事讲述了孔子的教育原则与方法,显示了孔子因材施教的教育理念和善于知人论世的处事方式。孔子面对同样的问题,因不同的人来问而给出不同的答案。子路胆子大,一人能顶两人用,勇武、莽撞,要让他冷静一点,故孔子教他行事要考虑到父兄尚在,不要勇猛过了头;而冉求行事比较保守,做事缺乏决断,总是犹豫、退缩,故孔子鼓励他迈进。孔子结合学生的具体心性来施教,在一进一退之间,使学生终身受益。

4.13

【原文】

子曰:"性相近也,习相远也。"

——选自《论语》第十七篇第二章

【大意】

孔子说:"人的本性是相近的,是后天的习性使人之间相差甚远了。"

【今思论语】

后世启蒙读物《三字经》中的"人之初,性本善。性相近,习相远。苟不教,性乃迁",就源自孔子的这一句名言。从中我们可以看出,孔子非常重视教育。人的先天本性都差不多,只是后天的习性不同,才使人性有善有恶。孔子并没有说人性是善还是恶。"性本善"是孟子的思想,《孟子·告子上》中写道:"人性之善也,犹水之就下也。人无有不善,水无有不下。"人性向善,就像水往低处流一样。人性没有不善良的,水没有不向低处流的。"性本恶"是荀子的思想,《荀子·性恶篇》中写道:"人之性恶，其善者伪也。""性无善无不善"是告子的思想，告子无著作，只有《孟子·告子篇》有"告孟之辩"记载了相关内容。再有就是扬雄，他在《法言·修身篇》里宣扬的是性善恶混之说，也就是说人性是善恶混杂的，有善也有恶。修其善就成为善人，修其恶就成为恶人。孔子所说的性，到底是善还是恶呢？依经文，孔子只说，"性相近也，习相远也"，并没有说性是善是恶。人的本性都是善的，人的潜能也都是无限的，好的环境能让人较为轻易地养成好的习性，轻松守住本心，挥发出强大的生命潜能；不好的环境则能造成劣币驱逐良币的现象，这里的劣币自然是指那些后天所沾染的陋习，良币则是指人的纯良天性。

4.14

【原文】

子夏曰："日知其所亡，月无忘其所能，可谓好学也已矣。"

——选自《论语》第十九篇第五章

【大意】

子夏说："每天知道自己以前所不知的，每月不忘记自己以前所能的，就可以说是好学了。"

【今思论语】

本文讲的是学习方法。子夏所说的，也就是孔子说的"温故而知新"。知识的获得靠的是点点滴滴的积累，没有捷径可循，只能依靠勤奋和努力。虽然没有捷径，一些基本的学习方法还是可以借鉴的，子夏就提出了一种学习方法，即"日知其所亡，月无忘其所能"。这个观点，其实就是对孔子提出的"温故知新"的阐发。这是一种最基本的学习方法，只有以其为前提，才能顺利展开学习的过程，并获得事半功倍的效果。

"日知其所亡"，即求新，这是第一步。庄子曾说过："吾生也有涯，而知也无涯。"宇宙是无限的，而人的生命是有限的，在这短暂的一生中，就算孜孜以求，你所能掌握的知识也是有限的。由此可见，学无止境。可以说，在任何情况下，我们都会面临未知的事物，既然这样，就需要去学习。"日知其所亡"的意思是，只要是自己不知道的事情就要去求解。这个知识对整个社会或别人来说可能并不是新知识，但是因为你对其无所知，就得抱着求新的态度去学习。社会时刻都在发展，尤其是现代社会，信息已成为主要的社会元素，用日新月异来形容社会的发展速度一点都不为过。面对这样一个社会，如果不与时俱进有可能在短时间内就被时代远远地甩在后面。因为在我们奋起直追的同时，社会也在发展，而且知识增加的速度比我们学习的速度快得多。

　　"月无忘其所能"，也就是温故，这是第二步。前文讲过，学习是一个知识积累的过程，通过学习，人掌握的知识肯定越来越多。人求知的目的就是扩大视野、增长见闻。但是应该引起我们注意的是，知识的积累是大脑的记忆系统在起作用。记忆是过去活动、感受、经验等在人脑中留下的印象，而遗忘是将这种印象抹去的大脑活动，二者通过回忆机制联系起来。如果某种信息能通过回忆再现，这种信息就表现为记忆；反之，就表现为遗忘。我们学习知识，希望发挥作用的大脑机制是记忆而不是遗忘，只有通过记忆才能实现知识的积累。如果学到的东西很快就遗忘了，那先前学习所付出的努力就白费了，因为并没有实现知识的积累。若要实现知识的积累，就要通过人为的干预，强化记忆，削弱遗忘，最大限度地将学到的知识固定下来。

　　如果既能不断地汲取新知识，又能牢牢记住旧知识，我们的知识储备自然越来越多。把它们应用于实践，来改造客观世界，达到学以致用的目的。要想做到这一点，对学习的要求便会更高，不仅要学会、牢记新知识，还要能深入理解知识之间的联系，进而用知识解决现实问题。只有做到这些，才算达到学习的目的。

4.15

【原文】

子夏曰:"博学而笃志,切问而近思,仁在其中矣。"

——选自《论语》第十九篇第六章

【大意】

子夏说:"广泛地学习并且笃守自己的志向,恳切地提问并常常思考眼前的事,仁就在这中间了。"

【今思论语】

这一章提到的博学、笃志、切问、近思四项,都是理论联系实际、言行一致的自我修养方法。学要笃志,即有中心,意志坚定。知识渊博犹如一颗好的种子,坚定意志是肥料,可以培养出花和果来。如果没有中心,知识越渊博,思想越危险,觉得样样都有道理,容易动摇。

"切问而近思"就是积累经验,多听多问。子夏教育学生,如果能践行这两句话,其实就是秉承孔子"仁"的思想体系,子夏在这是重申。

"仁在其中矣"。《中庸》里讲的是力"行近乎仁"。仁,我们现在没达到这个境界,但是通过力行可以近乎仁,跟仁这个境界接近了,所以不力行,就不能得到仁。如果做到了前面的博学、笃志、切问、近思,自然就会笃行,就要去力行,所以"仁在其中"是有道理的。

通篇而论,志笃是博学的核心,志不笃而不能力行,力行方能近仁。所以志在圣贤,才有动力,力行不辍;切问近思,反求诸己,把圣贤学问落实到自己的身心中,就是在力行仁,仁在其中矣。

4.16

【原文】

子夏曰:"百工居肆以成其事,君子学以致其道。"

——选自《论语》第十九篇第七章

【大意】

子夏说:"各行各业的工匠在作坊里完成他们的工作,君子则通过学习来掌握道。"

【今思论语】

本文劝人们要努力学习,无论从事哪个行业,都要勤奋敬业。百工成事与君子致道,都是通过自身的努力实现的。所以,子夏便借人们熟悉的百工成事来类比君子致道。子夏强调成事的必备条件是个人努力。无论是谁,无论他是什么人,要想有所成就,就必须努力学习,只有这样才能有所收获,才能"成其事"。

子夏认为,君子所要做的事就是"致道",即修养美德,践行大道。这是君子的核心任务,其他事情都是围绕着这个中心,为它服务的。要想"致道",只有一条路可走,那就是学,除此之外别无他法。人非生而知之者,连孔子都自称自己是学而后知,不学就不能明白事理,更别提知道了。非但要学,还要静下心来踏踏实实地学。当然,这里的学不仅是阅读先贤留下的经典,也不仅仅是静坐修养,而是在具体的为人处世中践行仁义之道。无论是事上待下,还是与朋友交往;无论是执行具体任务,还是解决某个问题,都要以仁的思想为指导,都要落实仁的原则,做事要合情合理。

肯踏踏实实埋头搞学问的人不多,学问也做得似是而非,许多人做学问的初衷都不是"致道",名利成了他们真正追逐的目标。古人有很多学以致道的例子值得我们学习,可以帮助我们抑制内心的浮躁。宋代大文学家司马光学习非常刻苦,经常手不释卷。为了有更多的时间学习,他专门找了一节圆柱形的木头做枕头,还为其取名"警枕"。枕着圆木睡觉，只要一翻身，圆木便会滚动，他就从梦中惊醒了，便立即起床挑灯夜读。就这样，不满15岁，他就懂得圣人之道，"于书无所不通"。最终，他靠着力学实行得来的一身本事，官至宰相，实现了修身、齐家、治国、平天下的大道。

现在，很多人往往搞不清治学与致道的关系。他们有成就一番事业的愿望，却寄希望于贵人相助或者"天降大任"，而没有想过通过自身努力收获成功。还有一些人一味地埋头学习，治学是做到了，却不知学习是为了什么，或者是立错了目标、看错了方向，朝着歪路上走去。治学是致道的前提，致道是治学的目的，只有弄清楚了这一点，并为自己树立正确的目标，才有可能真正成就一番事业。

工匠做的都是非常具体的事情，君子求道则是看不见、摸不着的。一个务实，一个务虚，看起来风马牛不相及，其实有许多相通之处。工匠要成事，需要在作坊里日复一日地实践，辛勤劳作、日积月累方能提高技艺，这就是我们现在提倡的工匠精神。真正的匠人，一生只专注一件事，其作品倾注了自己的心思和热爱，其作品是有温度、有灵魂的。古人在几千年前就已经意识到凡事要想成功，就必须专注、热爱。努力人人都能做到，但有的人努力一辈子却收效甚微，究其根源在于其没有倾注自己的心思和热爱，其努力是虚假的，而工匠和君子最终能有所成，最根本的原因就是他们为自己的事业倾注了毕生精力，这就是我们提倡的工匠精神！

4.17

【原文】

卫公孙朝①问于子贡曰："仲尼焉②学？"子贡曰："文武之道，未坠于地，在人。贤者识其大者，不贤者识③其小者。莫不有文武之道焉。夫子焉不学？而亦何常师之有？"

——选自《论语》第十九篇第二十二章

【注释】

①公孙朝：卫国大夫。当时鲁、郑、楚三国也都有公孙朝，所以这里指明是卫国公孙朝。

②焉：何处，哪里。

③识：通"志"。

【大意】

卫国的公孙朝向子贡问道："仲尼的学问是从哪里学的呢？"子贡说："周文王和周武王之道并没有失传，而是留存在人间。贤能的人掌握了其中的重要部分，不贤能的人记住了细枝末节。周文王和周武王之道是无处不在的，老师从哪儿不能学呢？又何必有固定的老师呢？"

【今思论语】

子贡，"孔门十哲"之一，言语科弟子。曾任鲁、卫之相，办事通达，善经商之道。子贡在这里讲得非常好，他讲话的艺术很值得我们学习。这是子贡对他老师的评价，他能够说出这么有艺术的言语，也是基于对老师由衷的敬爱，尊师重道。

儒家之大道，传于尧舜。到文王、武王之时，制礼作乐，传于天下。到孔子所在的春秋之世，虽然文王、武王去世已久，礼崩乐坏之势加剧，但"文武之道"并未湮没丧失，仍在世间流传，只不过贤与不贤，其所知多寡不同而已。是故孔子随处访求，无往而不学。凡有知"文武之道"者，无论所知多少，孔子都向其虚心学习。所谓"三人行，必有我师焉。择其善者而从之，其不善者而改之"，因此，孔子并无"常师"。孔子曾问礼于老聃，访乐于苌弘，问官于郯子，学琴于师襄。当然，孔子为学并非不加消化地囫囵吞枣，不是"多学而识之"，而是"下学而上达"，在学问中通晓"道"义，然后"一以贯之"，用"道"将所学加以整合为相互贯通的有机整体，这就是"孔子之学"，也就是"儒学"。

善于学习的人随时随地都可以学到有益的知识，孔子的学说继承了周文王、周武王之道。道始终是同一个道，同一个老师的学问，只是没有固定的学习老师。子贡是孔子的弟子中言语科最棒的学生，确实从这里可以看出来。孔子上承尧舜禹汤，文

武周公之道,并肩负着把它发扬光大的责任。子贡很明白这一点,所以他在这里赞叹孔子,这当然是要让人们好好师从孔子了。

拓展阅读

韦编三绝的故事

春秋时期的书,主要是用竹子制成的,制作方法是把竹子劈成一根根竹条,称为"竹简",用火烘干后在上面写字。竹简有一定的长度和宽度,一根竹简上只能写一行字,多则几十个,少则八九个。一部书要用许多竹简,这些竹简必须用牢固的绳子之类的东西编起来才能阅读。像《周易》这样的书,是由许许多多竹简编起来的,因此有相当大的重量。

出生于春秋时期的大教育家孔子自幼丧父,但他勤奋好学,为了学习,曾拜许多人为师,学习各种各样的知识。他涉猎广泛,还不知疲倦地刻苦钻研,最终成为我国历史上著名的大学问家。

孔子在年轻的时候花了很大的精力,把《周易》全部读了一遍,基本上了解了它的内容。到了老年时期,孔子又开始潜心读了第二遍,掌握了它的基本要点。接着,他又读了第三遍,对其中的精神、实质有了透彻的了解。在这以后,为了深入研究这部书,他为了给弟子讲解,他不知又翻阅了多少遍。这样读来读去,把串连竹简的牛皮绳也给磨断了几次,不得不多次换上新的再使用。即使读书读到了这样的地步,孔子还谦虚地说:"假如让我多活几年,我就可以完全掌握《周易》的'文与质'了。"孔子不仅以身作则,给自己的学生树立了很好的榜样,而且还利用各种机会告诉学生"好学"的重要性,所以成为桃李满天下的大教育家。

古语有云："书读百遍，其义自见。"可见，读书并不只是一个看的过程，它需要我们一次次不断地重复与温习，需要专注。蚯蚓没有锋利的爪子，没有强健的筋骨，却既能吃到地面上的浮土，又能饮到地下深处的水，就是因为用心专一。专注是一种不可小觑的力量，它会在你走向成功的过程中起到不可估量的作用。有道是"十年磨一剑"，为了专心做好一件事，必须远离那些使你分散注意力的事情，因为只有集中精力，选准主攻目标，专心致志，才能获得成功。

韦编三绝资料来源：https://wenku.baidu.com/view/5348f048ac1ffc4ffe4733687e21af45b307fec5.html?_wkts_=1689316410616

职教榜样

从职校学生到清华老师

2022年，清华大学一段铸造实践课的授课视频在网上火了。视频里，一位年轻的女教师在翻砂箱上做实操示范，口中快速讲着知识要点，声音洪亮、充满激情。网友们被这位女教师讲课的激情感染了，但其实这位年轻女教师背后的故事更吸引人。

这位女教师名叫邢小颖，她毕业于一所高职院校——陕西工业职业技术学院，毕业后却在清华大学任教，可谓是传奇的人生。她是怎样做到的呢？2011年，无缘本科院校的陕西女孩邢小颖，面对父母"复读一年，朝本科奔一奔"的建议，经过慎重思考后，做出了自己的选择——不复读，而是去陕西工业职业技术学院材料成型与控制技术专业好好学知识、练技能，因为她相信三百六十行，行行出状元。邢小颖抱着坚定的成才信念进入陕西工业职业技术学院学习。和很多进入职校后自暴自弃的学生不同，邢小颖很有上进心。为了能够学到真正的技术，她苦练自己的实操能力，加强专业技术知识的掌握，在校三年，每次上实训课，邢小颖都是第一个到，在课上拆了练、练了拆，反复巩固所学知识。在学校的日子，她待得时间最长的地方就是实训基地。

  刑小颖用刻苦的学习方式和严谨的学习态度为自己的未来打下了良好的基础。机会总是垂青有准备的人，2014年，邢小颖以专业综合排名第一的成绩被推荐到清华大学任教，校内与她一同去的还有5批共13人。职校生在清华任教，对于学生们来说已经是非常值得仰望的事情了，但这并不是邢小颖人生的终点，而是全新的开始。

  邢小颖讲授的是金工实习项目中的一个模块——铸造工艺。为了给清华的学生们上好每一堂课，她不断向老教师们请教，如在教室里对着空气练习讲课，每天早早去实验室做准备，这些都是邢小颖到清华任教后的日常。第一次独立讲课的前一天晚上，她备课备到十二点，第二天她在激动和忐忑中完成了讲解任务，下课后整个人就像被抽空了一般，幸亏学生的反馈很好，真可谓"功夫不负有心人"啊。

  虽然邢小颖从来没有避讳过自己职校生的身份，但也从来没有停止过学历提升的脚步。任教之后，邢小颖还在忙碌中挤出时间，在中国地质大学开办的专升本课程学习，又当教师又当学生。一边在清华教书，一边在地质大学上学，虽然无比疲惫，她还是在2017年顺利拿到学士学位。成功圆了自己的本科梦后，邢小颖也没有停下自己的脚步，她专心教书，在工作之余又继续钻研自己的专业知识，在专业领域做研究、发论文、申请专利。她一直没有停下学习的脚步，终于在2021年获评工程师职称，能被清华的学生称为"宝藏老师"。作为一个高职院校毕业生，邢老师的起点实在不算高，可她却有坚如磐石的意志，再通过日积月累的打磨和不断学习，变得如此优秀。

  邢小颖说："我会从容地告诉别人，我是高职毕业的。但我想得更多的是必须不断努力提高自己，才能有站稳清华讲台的十足底气。我的路或许比别人走得更长一些，更难一些，但只要我坚持不懈，努力走下去，必有所达。每个职业院校的学生只要在自己梦想的道路上奋勇前行，必能到达辉煌的终点。"

资料来源：https://m.gmw.cn/baijia/2022-06/07/1302984287.html

第五章

践行仁德，驰骋职场
——仁道篇

"仁"可以说是孔子及儒家思想的核心。孔子讲"仁"是"礼"的基础和内容，"礼"是"仁"的目的，"仁"与"礼"并重，讲"仁"则是为了维护"礼"。

孔子面对春秋之世，社会制度的混乱，"礼坏"与"乐崩"共同昭示着社会文化秩序的解体。如何挽狂澜于既倒，扶大厦之将倾，怎样重构当时的思想、文化、社会的新秩序，就成为孔子立说的重要问题。孔子摄礼归仁，将"礼"之本，由原始宗教信仰的先验"天道"转向"仁"，为"礼"寻找到了人性心理的内在基础。以"仁"为基点，孔子强调个体的修养，推己及人达至整个社会共同体，旨在恢复社会之礼，变"天下无道"为"天下有道"。

"礼"本是一整套典章、制度、仪节等外在的形式化存在，规范约束着人的立身和行事，孔子却将礼仪规范的坚硬外壳消融在了日常生活的情理中，并且赋予其人性心理的基础——"仁"。

全部《论语》的中心谈仁，提到"仁"的次数有一百零九次，但是孔子只讲了什么是仁的，什么是不仁的，仁应该是什么样的，不应该是什么样的，他从来没有对"仁"下过定义。

宋代及汉唐的儒家，各有所长。汉唐以来的儒家，了解孔子心法"仁"的用，宋儒借用佛道两家之学，了解孔子心法"仁"的体，都有划时代的见解，但每家表现出的都是不同的孔子。

对"仁"的理解，人们大都根据韩愈"博爱之谓仁"那句话，以为"仁"就是博爱，这是误解。韩愈是研究墨子的专家，由于墨子主张"兼爱"，韩愈袭用墨子"兼爱"变成"博爱之谓仁"，其实这并不是孔子的本意。

仁道广大，难以一言蔽之，如依现代注释规则强用名词解之，反而害仁，故而孔子"子罕言利与命与仁"。孔子之所以罕言，其实是引导我们自己去体会。沿着圣贤所指之路而行之，则日进于德，则自能有所体悟，非言语所能也。圣贤之道大，然而不离生活日用之间也，不离践行也。

本篇章对于"仁"的思考主要集中于以下几个方面。

第一，"仁者爱人"。这种爱，有不同的层次。首先，这种爱是从"亲亲"（爱亲人）开始的，所以孝悌是"仁之本"。其次，是广泛地爱他人，即"泛爱众，而亲仁"。爱朋友、爱他人、爱民族、爱社会、爱国家，乃至爱大自然。对他人的爱，主要表现为"忠恕"。"忠恕"的意思就是"己欲立而立人,己欲达而达人","己所不欲,勿施于人"。总之,孔子的"仁爱"是一种有差等的、推近及远的爱,由父母而兄弟而朋友而惠及众人的爱。

第二,"克己复礼为仁",这是孔子针对颜渊问仁的回答,颜渊此人本身就有很好的德行,对这样有德行的君子,孔子要求"克己复礼"。"克己"是一种修养,既包括克制私欲,规范自己的行为,使言语行动都合乎礼仪规范,也就是"约我以礼",又包括提高理性思维能力。孔子认为,仁在人心"为仁由己",也就是说,"为仁"主要是靠自己的修养功夫而实现的,而"礼"则是社会的规范。孔子认为,"克己"的修养功夫和对礼制的恢复可以使"天下归仁"。实践仁德,全凭自己,具体来说就是"非礼勿视,非礼勿听,非礼勿言,非礼勿动"的四个"非礼勿"。

第三,"仁"是德性的统称。孔子曰:"能行五者(恭、宽、信、敏、惠)于天下,为仁矣。""恭则不侮、宽则得众、信则人任焉;敏则有功,惠则足以使人。"此外,作为人最高道德原则,"仁"与义、礼、智、信并列;作为统摄社会的道德规范,"仁"被称为五常,是做人的基本道德准则。

第四,"仁"是孔子所追求的最高人生境界。一方面,任何人都有可能达到"仁"的境界——"我欲仁,斯仁至矣"。这个"仁"不是高不可攀的,只要我们愿意求"仁",随时随地可以做到。"仁远乎哉?我欲仁,斯仁至矣";另一方面,他又认为,做到仁是不容易的——"若圣与仁,则吾岂敢!"他认为即使是自己最得意的门生颜回也只能做到"三月不违仁"。

在漫长的历史过程中,孔子的"仁学"思想产生了深远的影响。一方面,表现为人们在社会生活中的互助团结,构成了中华民族优良的道德传统;另一方面,孔子提倡的"志士仁人,无求生以害仁,有杀身以成仁",经过不同时代,成为一种理想信念,成为民族普遍的共识:为民族、国家的利益,宁肯牺牲自己的生命。许多爱国忧民的仁人志士,以此"仁"字坚定自己的意志,做出惊天动地的事业,如"精忠报国"的岳飞、"留取丹心照汗青"的文天祥、戊戌六君子中的谭嗣同等就是这样的典范。像赵一曼、刘胡兰、董存瑞、黄继光等无数光荣的共产党员和革命先烈,为了解放事业献出自己宝贵的生命。

今天我们提出的"爱国、敬业、诚信、友善"社会主义核心价值观与孔子的"仁学"思想是一脉相承的,是对儒家优秀传统文化的传承与创新。

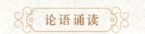

经典章句

5.1

【原文】

子曰:"巧言令色①,鲜矣仁!"

——选自《论语》第一篇第三章

【注释】

①巧言令色:朱熹注曰:"好其言,善其色,致饰于外,务以说人。"巧言,花言巧语;令色,伪善的面貌。

【大意】

孔子说:"满口说着讨人喜欢的话,满脸装出讨人喜欢的面貌,(那样的人)仁德就很少了!"

【今思论语】

本章中孔子讲"仁"的反面,即花言巧语,工于辞令,装出和颜悦色。这是孔子最讨厌的,意在告诫他的弟子,无论是做人还是做事,都应真诚坦荡,要在言行上服从于真善的准则,不去刻意地追求外在的装饰。若是利用花言巧语讨好别人就是为假作恶,这样做是无法拥有完善人格的。

"上有好者,下必甚焉",在现代社会,大权在握的官员和公司的领导,要对巧言令色者高度警惕。要注意下属的言行,只有看清其真实的意图,才不会被那些华丽的表象迷惑,才不会因偏听偏信而失败。同时,自己更要身体力行,为下属们立下榜样,使巧言令色之人没有可乘之机,这样才能促进组织的发展和事业的壮大。

5.2

【原文】

子曰:"人而不仁,如礼何?人而不仁,如乐何?"

——选自《论语》第三篇第三章

【大意】

孔子说:"一个人没有仁爱之心,遵守礼仪有什么用?一个人没有仁爱之心,音乐有什么用?"

【今思论语】

钱穆指出礼乐必依凭于器与动作,此皆表达在外者;人心之仁,则蕴蓄在内。若无内心之仁,礼乐都将失去其意义;但无礼乐以为之表达,则吾心之仁亦无落实畅遂之所。故仁与礼,一内一外,相辅相成。

礼与乐都是制度文明,礼讲谦让敬人,乐须八音和谐,而仁则是人们内心的道德规范,是人文的基础。乐是表达人们思想情感的一种形式,在古代,它也是礼的一部分。礼与乐都是外在的表现,而仁则是人们内心的道德情感和要求,所以乐必须反映人们的仁德。一个人若没有仁的本质,则没有谦让敬人、和谐无夺等美德,即便行礼奏乐,也不具有实质意义。此处,孔子把礼、乐与仁紧紧联系起来,人而不仁,礼对他有什么用?人而不仁,乐对他有什么用?这里要说的是,不仁之人,是用不了礼乐的。

5.3

【原文】

子曰:"里①仁②为美。择不处③仁,焉④得知⑤?"

——选自《论语》第四篇第一章

【注释】

①里:居住,动词。

②仁:仁德,可引申理解为风俗淳厚、民风淳朴而归向于仁善。

③处(chǔ):居住。

④焉:安,怎么。

⑤知:"智"的意思。

【大意】

孔子说:"居住在有仁德的地方才是好的。选择住处时,不住在有仁德的地方,那怎么能说是聪明智慧呢?"

【今思论语】

本章中孔子强调了外部环境的重要影响。在他看来,一个人的道德修养,与外部的人文环境密切相关。因此,他就居住环境的选择问题提出了自己的观点。

每个人的道德修养既是个人自身的事,又必然与所处的外界环境有关。重视居住的环境,重视对朋友的选择,这是儒家一贯注重的问题。近朱者赤、近墨者黑,与仁德者住在一起,耳濡目染,就会受到他们的影响;反之,则难以养成仁的情操,这也许就是环境对人们潜移默化的改造。

5.4

【原文】

子曰:"不仁者,不可以久处约①,不可以长处乐②。仁者安仁③,知者利仁④。"

——选自《论语》第四篇第二章

【注释】

①约:穷困。

②乐:富贵快乐。

③安仁:安于仁道中。

④利仁:认为仁有利自己才去行仁。

【大意】

孔子说:"不仁的人,不能够长久地处于贫困中,也不能够长久地处于安乐中。有仁德的人能安于仁道,智者认为仁有利自己才去行仁。"

【今思论语】

在本文中,孔子认为,没有仁德的人不可能长久地处在贫困或安乐之中;否则,他们就会为非作乱或者骄奢淫逸。只有仁者安于仁,智者也会行仁,无论处于贫富之际,还是得意失意之间,都会乐天知命,安之若素。这种思想是希望人们注意个人的道德和操守,在任何环境下都能矢志不移,保持气节。

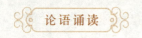

5.5

【原文】

子曰:"富与贵①,是人之所欲也;不以②其道③得之④,不处⑤也。贫与贱⑥,是人之所恶也;不以其道得之,不去⑦也。君子去仁,恶乎成名⑧?君子无终食之间⑨违仁,造次⑩必于是,颠沛必于是。"

——选自《论语》第四篇第五章

【注释】

①富与贵:富指财富多,富有;贵指地位高,尊贵。

②不以:不用。以,用。

③道:正确的、正当的方法。

④得之:第一个"得之"是顺着"所欲",因想要而希望"得到";第二个"得之"是顺着"所恶",因厌恶而希望"摆脱"。

⑤处:安处其中。

⑥贫与贱:贫指财富少,贫穷;贱指地位低下。

⑦去:弃,引申为违背离开。

⑧恶乎成名:怎么成为君子这个名呢。恶,同"乌",读音(wū)怎么。成名,即成为(君子)这个名。此句就是说如果抛弃了仁德,就不能称其为君子了。

⑨终食之间:吃一顿饭的时间,形容时间短。

⑩造次:急急忙忙。

【大意】

孔子说:"富有与尊贵,这是人所想要的,如果不用正当的方法得到,君子不愿意接受。贫困与低贱,这是人所厌恶的,如果不用正当的方法摆脱,君子不愿意违背离开。君子如果抛弃仁德,怎么能成为君子呢?君子连一顿饭的时间都不会违背仁,即使在仓促急迫中也必定处于仁,即使困顿流离时也必定处于仁。"

【今思论语】

本章中讲仁的重要性。在孔子看来，每个人都想过上富裕的生活，摆脱贫困的局面，这本是好事。但是，对于君子而言，富与贵应当取之有道，即便贫困的生活再不好，想要取富贵也应有道，这才是君子所为。这个道，就是仁义之道，它是君子安身立命的基础。无论是富贵还是贫贱，也无论是在仓促之间还是颠沛流离之时，都不能违背这个原则。

5.6

【原文】

颜渊、季路①侍。子曰："盍各言尔志？"子路曰："愿车马、衣轻裘与朋友共，敝之而无憾。"颜渊曰："愿无伐善②，无施劳。"子路曰："愿闻子之志。"子曰："老者安之，朋友信之，少者怀③之。"

——选自《论语》第五篇第二十六章

【注释】

①季路：子路。

②伐善：夸耀功劳。伐，夸耀。

③怀：关怀，照顾。

【大意】

颜渊和子路在孔子身边。孔子说："你们为什么不各自谈谈自己的志向？"子路说："我愿意拿出自己的车马、穿的衣服，和朋友们共同使用，即使用坏了也不遗憾。"颜渊说："我愿意不夸耀自己的长处，不宣扬自己的功劳。"子路说："我们希望听听老师的志向。"孔子说："我愿老年人安度晚年，朋友之间相互信任，年幼的人得到照顾。"

【今思论语】

本文中介绍了孔子的人生志向。师徒几人闲来无事，孔子便让自己的弟子谈谈志向。性急的子路首先表态,直言不讳,接下来是一向谦恭的颜渊。两位弟子谈完自己的志向,子路便让老师也谈谈志向。孔子很坦率,把自己的志向和盘托出。整个场面温馨动人,精彩地表达了师徒三人的鲜明个性和亲密无间的情感。

这三人的志向各有不同,概括起来,可以说子路的志向是"义者之志";颜回的志向是"谦者之志";而孔子的志向则是"仁者之志"。三人的志向都是积极向善、有益于社会大众的高尚志向,不同之处在于,三人的志向有高低深浅之分。

子路性情豪爽,讲义气。子路说车马、裘衣愿意和朋友们共用,可见对朋友十分看重,愿意与朋友分享财富。但是,拿他的志向和颜回、孔子相比,我们就会发现,他的修为尚处在"舍物"层面。也就是说,他能与朋友分享的财富还属于身外之物。

而颜回的修养显然要比子路深,他已经摆脱了身外之物的束缚,进入内在心志的修养。颜回主要想建立自己的道德修养,且真心实意地不居功,已经到达"舍己"的层次。

志向最高远的是孔子。仔细品味孔子的话,我们就会发现,老者是自己的长辈,朋友是自己的平辈,少者是自己的晚辈。也就是说,孔子希望天下所有人都有一个良好的状态,他的修养已经超越了"外物"和"自我"两个层面,达到了泛爱无私的仁道境界。他的目光既没有关注外在的事物,也没有关注个人的得失,而是落在对社会大众的关怀上。这种情感,就像阳光雨露,温暖并滋润着世间万物,而不求一点回报,这就是"仁"。所以,孔子之志乃是"仁者之志"。孔子志向之高远,修养之深湛,是子路、颜回远远不及的。

5.7

【原文】

子曰:"回也,其心三月①不违仁,其余则日月②至焉而已矣。"

——选自《论语》第六篇第七章

【注释】

①三月:表示时间长。

②日月:表示时间短暂。

【大意】

孔子说:"颜回啊,他的心能长久地不离开仁,其他人则只是偶尔达到仁而已啊。"

【今思论语】

颜回是孔子的得意门生,他好学笃道,用心求仁。在孔子弟子中,他是最接近"仁"这种至高至大境界的一个。他对孔子以"仁"为核心的思想有深入的理解,而且将"仁"贯穿于自己的行动与言论当中,所以,孔子赞扬他"三月不违仁"。而别的学生,虽然也受到孔子的教诲,但他们的本性之中依然存在着私欲,只能"日月至焉而已",不能长久坚持。

5.8

【原文】

樊迟问知①。子曰:"务民之义②,敬鬼神而远之,可谓知矣。"问仁。曰:"仁者先难③而后获,可谓仁矣。"

——选自《论语》第六篇第二十二章

【注释】

①知:同"智"。

②务民之义:致力于人道应做的事。务,用心致力于。民,即"人",民之义,即人义,人道应行之事。天有天道,人有人道。

③难:付出一定的努力。

【大意】

樊迟向孔子请教什么是明智。孔子说:"专心致力于人道之事,敬重鬼神但要疏远一些,可以称为智了。"樊迟又请教什么是仁。孔子说:"有仁德的人,先要付出一定的努力,然后收获果实,可以称为仁了。"

【今思论语】

对鬼神"敬而远之"的态度自古就有,而非始于孔子。这种态度提醒人不要"不问苍生问鬼神",应该在尊敬鬼神的同时保有人的责任意识,这样才算明智。孔子在此显然并无否定或怀疑鬼神的意思。

"先难而后获",是先苦后甜,先致力于耕耘,才谈得上收获。这可能是孔子针对樊迟的缺点提出来的,但也是对许多总想不劳而获的人的一声当头棒喝。社会上总有那么一些人,做事不努力,老想投机取巧,不想为别人奉献,却想从别人那里得到利益,这也是一种"不仁"。

樊迟先后几次问到仁,孔子的答案不尽相同。孔子不但善于因材施教,还会因时、因地、因况、做出不同的解答来启发弟子。

5.9

【原文】

子曰:"知者乐水①,仁者乐山。知者动,仁者静。知者乐②,仁者寿。"

——选自《论语》第六篇第二十三章

【注释】

①乐(yào)水:水缘理而行,智者达于事理而周流无滞,有似于水,故乐水。乐,喜好、爱好。

②知者乐(lè):智者能为世用,能够建功得志,所以欢乐。乐,欢乐。

【大意】

孔子说:"智者像水一样灵动,仁者像山一样稳重。智者快乐,仁者长寿。"

【今思论语】

本文以山水形容智者和仁者,既形象生动又深刻。这正如朱熹在《论语集注》

里面的评论:"知者,达于事理而周流无滞,有似于水,故系水。仁者,安于义理而厚重不迁,故乐山"

智者就是聪明人。聪明人通达事理,有理性,明事理,反应敏捷而又思想活跃,性情好动就像水不停地流一样,所以用水来进行比拟。仁者也就是仁厚的人。仁厚的人安于义理,仁慈宽容而不易冲动,性情好静,就像山一样稳重不迁,所以用山来进行比拟。山是静止的,仁者就要"如山不动",自然能长寿即精神永存。

孔子这里所说的"智者"和"仁者"不是一般人,而是那些有修养的"君子"。他希望人们都能做到"智"和"仁",只要具备了这些品德,就能适应当时社会的要求。

5.10

【原文】

子贡曰:"如有博施①于民而能济众②,何如?可谓仁乎?"子曰:"何事于仁?必也圣乎!尧舜其犹病诸③!夫仁者,己欲立④而立人,己欲达⑤而达人。能近取譬⑥,可谓仁之方⑦也已。"

——选自《论语》第六篇第三十章

【注释】

①博施:无条件地把东西送给人家。博,广;施,给予。

②济众:对困苦的人们加以帮助。济,救济、帮助。

③其犹病诸:担心做不到。病,担心,忧虑。

④立:立足,立身。

⑤达:通达、畅通。

⑥近取譬:以自己打比方,即推己及人之意。譬,比喻,比方。

⑦仁之方:为仁的路径和方法。方,方向,方法。

【大意】

子贡说:"如果有这么一个人,对百姓广泛地施予好处,又能救济贫困大众,怎么样?可以说是仁德之人了吗?"孔子说:"怎么能只是仁人呢?简直就是圣人了!尧、舜或者都难以做到。仁是什么呢?凡是有仁德的人,自己想要站得住,也要帮助别人站得住;自己想要通达,也要帮助别人事事行得通。凡事推己及人,就可以说是实行仁德的方法了。"

【今思论语】

在本文中,孔子告诉我们"仁"和"圣"的区别。仁是塑造个人完美的灵魂并行善于外,真正的仁,是将心比心,推己及人,要自己站起来,但是要考虑到别人的利益,使别人也站起来。

圣是在此基础上能兼济天下,圣者不但自身要有仁德,还要有位,只有有德有位,才能"博施于民而能济众"。

正如《孟子·尽心篇上》中所言:"穷则独善其身,达则兼济天下。"一个人不得志的时候就要洁身自好,提高个人修养,而得志的时候就要努力把善发扬光大,造福百姓。

5.11

【原文】

子曰:"志于道,据于德,依于仁,游于艺①。"

——选自《论语》第七篇第六章

【注释】

①艺:六艺,包括礼、乐、射、御、书、数。

【大意】

孔子说:"以道为志向,以德为根据,以仁为依靠,而游憩于礼、乐、射、御、书、数六艺之中。"

【今思论语】

"志于道"是指君子为学,应当以悟道为最终目的。在志向上,立志要高远。

"据于德"是指在具体的修学过程中,要守住当下自己已修得的成果,唯有如此,才能够爱人、爱物、爱社会、爱国家,乃至爱全天下。

"依于仁"是指君子为人处世,以爱人爱物为准绳,以利人、利物为标准。

"游于艺"是指君子要尽可能多地掌握各种知识与技能,以便于适时给他人、社会,在精神上、物质上带来具体而切实有效的帮助。

"艺",在孔子时代是指"礼、乐、射、御、书、数"。就现代的分科而言,"礼",包括哲学、政治、教育方面的知识。"乐",包括音乐、舞蹈、美术、影视方面的知识与技艺。"射",指军事、武功。"御",指各种驾驶、操作技能。"书",指文学、历史修养。"数",包括科学与经济方面的知识。

对于上文所提六个方面的知识与技能,作为一个儒家君子,都必须要有基本的了解或掌握。至于深入地了解和精通,可根据个人的资质与因缘,有所侧重。

在本文中,"道、德、仁、艺"是讲儒者的修养,要求弟子彻悟人生宇宙的真相,得真智慧,只有如此,弟子们才可能真正拯救自己,从而也懂得如何帮助别人,拯救自己。

"志于道,据于德"是讲君子内修道德的原则。"依于仁,游于艺"是讲君子外用道德的方式。如无高远思想就未免太俗气,太现实的人生只会令自己厌烦。若没有相当的德行为根据,人生是无根的,最后不能成熟。如果没有仁的内在修养,在心灵上就没有安顿的地方;如果没有"游于艺",知识学问不渊博,人生就会很单调,没有色彩。所以这四点至关重要,缺一不可。

5.12

【原文】

子曰:"仁远乎哉?我欲①仁,斯仁至②矣!"

——选自《论语》第七篇第三十章

【注释】

①欲：要、想要。

②至：到来。

【大意】

孔子说："仁真的离我们很远吗？我想要做到仁的时候，仁就到来了！"

【今思论语】

这句话是孔子语重心长地说给后人听的。"仁"并不是看不到、摸不着，只要在观念上引发仁慈心，去爱别人，就可达到仁道，不需向外寻求。

5.13

【原文】

子曰："若圣①与仁，则吾岂敢？抑②为之不厌，诲人不倦③，则可谓云尔④已矣。"公西华曰："正唯弟子不能学也。"

——选自《论语》第七篇第三十四章

【注释】

①圣：《孟子·公孙丑上》中记载了子贡对这件事的看法："学不厌，智也，教不倦，仁也。仁且智，夫子既圣矣。"可见，当时的学生就已经把孔子看成圣人了。

②抑：只不过。

③为之不厌，诲人不倦：自己矢志追求"圣与人"，不知疲倦地教导别人追求"圣与人"。为，学。之，指"圣、仁"。厌，满足。倦，懈怠。

④云尔：如此说，指上文中的不厌不倦。

【大意】

孔子说:"如果说到圣与仁,那我怎么敢当!不过(向圣与仁的方向)努力而不感厌烦地做,不知疲倦教诲别人(追求圣与人),只能说是如此而已。"公西华说:"这正是我们学不到的地方。"

【今思论语】

孔子一生都朝着这个方向努力,他的这个做法叫作"明知其不可为而为之"。在当时,他知道这个时代是挽救不了的,可是他并未因此不再尽自己的责任。我们对于自己的人生目标或事业,必须反省。

普通人都把一时的成就看成事业,但了不起的人,进入圣贤境界的人,所努力的则是千秋、永恒的事业,如孔子。

孔子践行的正是圣人与仁者行为上的境界。

5.14

【原文】

曾子曰:"士①不可以不弘②毅③,任重而道远。仁以为己任④,不亦重乎?死而后已,不亦远乎?"

——选自《论语》第八篇第七章

【注释】

①士:卿大夫的下一层。后世引申为学者、读书人。

②弘:弘大、心胸宽广。

③毅:刚毅、有决断。

④仁以为己任:"以仁为己任"的意思。

【大意】

曾子说:"读书人不可以不弘大刚毅,因为他们责任重大而且道路遥远。把仁德作为自己肩上的责任,难道这不也很重大吗?一直到死才肯停下,难道这不也很遥远吗?"

【今思论语】

曾子所言,是在我国文化史上影响深远的名言。本文讲述了怎样的人才算是知识分子,并写出了读书人的风骨。读书人养成弘与毅是基本条件,有眼光、见解、果断、决心加起来的"弘毅",中间还要有正气、立场公正,他们为国家、为社会挑起了重担。

"任重而道远",从中不难看出,这个使命何等伟大,这个任务何等艰巨。如果没有高尚的道德、杰出的才能,根本担负不起或不配承担这样的重任。

曾子所述的士的品格,正是中国屹立于世界的根基所在。尽管曾子已经故去了两千多年,但后世却有无数的仁人志士继承了以天下为己任的精神,这种精神成为中国人奋发向上的不竭动力,而这恰恰也是我们接受教育的目的。

5.15

【原文】

颜渊问仁。子曰:"克己①复礼②为仁。一日克己复礼,天下归仁焉。为仁由己,而由人乎哉?"

颜渊曰:"请问其目③。"子曰:"非礼勿视,非礼勿听,非礼勿言,非礼勿动。"

颜渊曰:"回虽不敏④,请事⑤斯语矣。"

——选自《论语》第十二篇第一章

【注释】

①克己：约束自己。克，意思是"胜"，引申为约束。己，意思是自己、己身。
②复礼：返乎礼、合乎礼。复，返。
③目：条目、要点。目和纲相对。
④敏：聪敏、敏捷，这是颜渊的自谦。
⑤事：从事、做。

【大意】

颜渊向孔子请教什么是仁。孔子说："约束自己返归于礼，这就是仁。一日能做到克己复礼，天下就称你是仁人了。行仁是全靠自己啊，难道是由别人吗？"

颜渊说："请问行使仁德的要点。"孔子说："凡是不符合礼的事情不看，不符合礼的事情不听，不符合礼的事情不说，不符合礼的事情不做。"

颜渊说："我虽然不聪敏，也会努力按照您说的话去做。"

【今思论语】

"克己复礼为仁"，这是孔子关于仁的主要解释。在这里，孔子以礼来规定仁，依礼而行就是对仁的根本要求。所以，礼以仁为基础，以仁来维护。仁是内在的，礼是外在的，二者紧密结合。这里实际上包括两个方面的内容，一是克己，二是复礼。"克己复礼"就是人们凭借道德修养自觉地遵守礼的规定，这是孔子思想的核心内容，贯穿于《论语》的始终。

"克己复礼为仁。一日克己复礼，天下归仁焉。为仁由己，而由人乎哉"，这可以说是学儒修学的总纲领。颜渊一听，就能领会了，于是私底下就问克己复礼的条目，夫子就回答"非礼勿视，非礼勿听，非礼勿言，非礼勿动"这四条，这就是条目。怎么修行？很具体，凡是不合礼的现象不要去看，不合礼的声音不听，不合礼的事情不说，一切不合礼的事都不做。

现在的社会可以说确实存在着很多"非礼"的成分，在这样的一个时代当中，稍不留神，就会陷入非礼而不自知的情况，等到自知时，可能就已深陷其中。所以现在的真的要提高警觉，树立更坚定的志向，更过人的毅力，更要好学，天天不间断地学习圣贤之教，这才能够抵御外界的污染，才能提高防御力、免疫力。

5.16

【原文】

仲弓①问仁。子曰:"出门如见大宾②,使民如承大祭③。己所不欲,勿施于人。在邦④无怨,在家⑤无怨。"

仲弓曰:"雍虽不敏,请事斯语矣。"

——选自《论语》第十二篇第二章

【注释】

①仲弓:孔子弟子,姓冉,名雍,字仲弓,孔门"十哲"之一。孔子称其"可使南面"。
②大宾:重要的宾客。
③大祭:重大的祭祀典礼。
④邦:邦国、诸侯之国,指在诸侯国做官。
⑤家:卿大夫之家,指在卿大夫之家做官。

【大意】

仲弓向孔子请教行仁之道。孔子说:"平时出门也要像会见重要宾客一样,差遣使用民力也要像承办重大祭典一样。自己不想要的,也不要施加在别人身上。在诸侯国中没有怨恨,在卿大夫之家中也没有怨恨。"

仲弓说:"我虽然不聪敏,也会努力按照您的话去做。"

【今思论语】

在本章中,孔子谈到了"仁"的两个内容。一是要他的学生事君使民都要严肃认真,二是要宽以待人,"己所不欲,勿施于人"。只有做到了这两点,便等于向仁德迈进了一大步。

"己所不欲,勿施于人"成为后世尊奉的信条,所揭晓的是处理人际关系的重要原则。孔子所言是指人应当以对待自身的行为为参照物来对待他人。人应该有宽广的胸怀,待人处事之时切勿心胸狭窄,而应宽宏大量,宽恕待人。倘若将自己所不欲的,硬推给他人，不仅会破坏与他人的关系，也会将事情弄得僵持而不可收拾。人与人之间的交往应该坚持这种原则，这是尊重他人、平等待人的体现。人生在世，除了关注自身的存在，还得关注他人的存在，人与人之间是平等的，切勿将自己不想要的施加在别人身上。

在当代社会中，"双标"比比皆是。以一个标准去要求别人，却不以同一标准去要求自己。如果大家都能做到"己所不欲，勿施于人"，相信无论是在工作中还是生活中，都能减少与他人的摩擦。

5.17

【原文】

司马牛①问仁。子曰："仁者，其言也讱②。"

曰："其言也讱，斯谓之仁已乎？"子曰："为之难，言之得无讱乎？"

——选自《论语》第十二篇第三章

【注释】

①司马牛：孔子弟子，名耕，字子牛，宋国人。他是宋司马桓魋之弟。

②讱（rèn）：通"忍"，说话慎之又慎。

【大意】

司马牛向孔子请教行仁之道。孔子说："仁人，他说话非常谨慎。"司马牛再问："说话非常谨慎，这就称得上是仁了吗？"孔子说："这是很难做到的，说话哪能不谨慎呢？"

【今思论语】

"其言也讱"是孔子对于那些希望成为仁人的人所提要求之一。"仁者"，其言行必须慎重，行动必须认真，一言一行都要符合周礼。所以，这里的"讱"是为"仁"服务的，为了"仁"，就必须"讱"。

5.18

【原文】

樊迟问仁。子曰:"爱人。"问知。子曰:"知人。"

樊迟未达。子曰:"举直错诸枉①,能使枉者直。"

樊迟退,见子夏曰:"乡②也吾见于夫子而问知,子曰:'举直错诸枉,能使枉者直。'何谓也?"

子夏曰:"富哉言乎!舜有天下,选于众,举皋陶③,不仁者远矣;汤有天下,选于众,举伊尹④,不仁者远矣。"

——选自《论语》第十二篇第二十二章

【注释】

①举直错诸枉:把正直的人提拔在邪恶的人上面,即选用贤人,罢黜坏人。错,通"措",安置。

②乡(xiāng):同"向",意为过去,此处指刚才。

③皋(gāo)陶(yáo):舜时的贤人。

④伊尹:商汤时辅相。

【大意】

樊迟问什么是仁。孔子说:"爱别人。"又问什么是智。孔子说:"了解任何人。"

樊迟没有明白是什么意思。孔子解释说:"把正直的人提拔到邪恶的人之上,这样就能够使邪恶的人也正直起来。"

樊迟从老师那里出来以后,又去对子夏说:"刚才我去请教老师什么叫智,老师说,'把正直的人提拔到邪恶的人之上,这样就能够使邪恶的人也正直起来。'这是什么意思呢?"

子夏说:"这是意义多么丰富的话呀!比如说,舜帝拥有了天下,从众人中选拔人才,把皋陶挑选出来,那些不仁的人就被疏远了;商汤有了天下,在众人之中提拔了伊尹,那些不仁的人就被疏远了。"

【今思论语】

本文中提到两个问题,一是仁,二是智。关于仁,孔子对樊迟的解释似乎与别处不同,说是"爱人",实际上孔子在各处对仁的解释都有内在的联系。关于智,孔子认为是要了解别人,选拔贤才,罢黜邪才。从治理国家的角度看,"举直错诸枉"是以实际行动来推行仁道。人是需要榜样的,而榜样的力量是无穷的。把正确的事情推广起来,自然为全社会树立了一个榜样。要做到这一点,必须首先爱护、了解他人,这既是个人修养,又是处事方法。

5.19

【原文】

樊迟问仁。子曰:"居处①恭,执事②敬,与人忠。虽③之④夷狄⑤,不可弃也。"

——选自《论语》第十三篇第十九章

【注释】

①居处:平时居家。

②执事:行事。

③虽:即使。

④之:动词,到、往。

⑤夷狄:我国古代用来称东方和北方的少数民族。

【大意】

樊迟向孔子请教仁道。孔子说:"平常居家要端庄恭敬,做事情要严肃认真,与人交往要忠诚恳切。即使到了偏远的少数民族居住地,这些美德也是不能够丢弃的。"

【今思论语】

在本章中孔子提出了人在生活、工作和交友等各个方面"仁"的要求，即"恭""敬""忠"是一个人的为人之道。生活中保持恭肃之心，工作中做事诚敬，毫不苟且，与人相交忠诚以待，到哪里都是了不起的。他希望自己的学生无论是在内在的还是在外在的修养上，都能够这样做。

5.20

【原文】

子曰："刚、毅、木①、讷②，近仁。"

——选自《论语》第十三篇第二十七章

【注释】

①木：质朴，面无表情，和"令色"相反。
②讷（nè）：言语迟钝，拙于表达，和"巧言"相反。

【大意】

孔子说："刚强、坚毅、质朴、讷言，有这四种品德的人就接近于仁道。"

【今思论语】

孔子认为"仁"是很高的道德标准，不易达到，但可以从基本的刚、毅、木、讷这四种美好的品质做起。刚强就不会为欲望所动摇，坚毅就不会为困难和威势所屈服，质朴就会保持敦厚严谨的作风，言语谨慎就能避免不必要的祸害。

刚、毅是好词，木、讷有负面含义，给人的印象是呆板。但我们知道，孔子讨厌"巧言令色"，喜欢木、讷，他用这两个字是在赞扬。就像孔子的得意门生，特别是德行科的学生，都有些呆头呆脑的。

5.21

【原文】

子曰:"志①士仁人,无求生以害仁,有杀身以成②仁。"

——选自《论语》第十五篇第九章

【注释】

①志:志向。

②成:成全。

【大意】

孔子说:"有志向、有仁德的人,不会为了自己的生存而损害仁义道德,只会选择牺牲自己的性命来成全仁德。"

【今思论语】

孔子热爱生命,绝不轻易玩命。但生命诚可贵,仁义价更高。他说,志士仁人不会为了苟活而损害仁,只会为了仁而毅然献身,这叫"杀身成仁"。从表面上看是"杀身",其实却是"成仁",表明仁是人的至高目标。孟子后来说的"舍生而取义",也是同样的意思,都是在肯定人生应该以实践道义为首要目标。

这些宁肯"杀身以成仁"的仁人志士,是真正的民族脊梁,一个民族的人能生存下去,靠的就是这个脊梁。

5.22

【原文】

子贡问为仁。子曰:"工欲善其事,必先利①其器。居是邦也,事其大夫之贤者,友其士②之仁者。"

——选自《论语》第十五篇第十章

【注释】

①利:使……锋利。

②士:《论语》中的"士",有时指有一定修养的人;有时指有一定社会地位的人。此处和"大夫"并言,可能是"士大夫"之"士",即已做官而位置低于大夫的人。

【大意】

子贡问怎样实行仁德。孔子说:"工匠若想做好他的工作,必须先要把自己的工具磨得锋利起来。我们住在这个国家,就要敬奉大夫中的那些贤德之人,结交那些士人中的仁人。"

【今思论语】

本章中的"工欲善其事,必先利其器",是传诵千古的名言。这句话揭示了一个简单而重要的道理,那就是无论做什么事,都要做好充分的准备工作。只有把准备工作做好了,基础打好了,事情才能得到顺利解决,这就是"磨刀不误砍柴工"。

孔子以此作喻,说明践行仁德的方式就是事奉贤者,结交仁者,这是首先要做到的。选择品德高尚的人交往,与他们做朋友,受他们的熏陶,经过潜移默化,自己的思想境界和道德修养就会在无形中提升。

5.23

【原文】

子贡问曰:"有一言①而可以终身行②之者乎?"子曰:"其恕③乎!己所不欲,勿施于人。"

——选自《论语》第十五篇第二十四章

【注释】

①一言:一字。

②行:奉行。

③恕:推己以及人。

【大意】

子贡向孔子请教说:"有没有一个字可以让人终身奉行的呢?"孔子说:"应该是'恕'吧!自己所不喜欢的,不要施加给别人。"

【今思论语】

本章中的"恕"字分开来,解作"如""心"。就是合于我心,我的心所要的,别人也要;我所想占的利益,别人也想占。我们分一点利益出来给别人,这就是恕;觉得别人不对,原谅一点,也是恕。恕道就是推己及人,替自己想也替别人想。

"忠恕"是孔子一以贯之的思想。"忠"为"己欲立而立人,己欲达而达人",未必每个人都有条件实现。"恕"为"己所不欲,勿施于人",人人都可以做到,所以,孔子在这里言"恕"而不言"忠"。

5.24

【原文】

子曰:"当仁,不让于师。"

——选自《论语》第十五篇第三十六章

【大意】

孔子说:"面对仁德,即使对自己的老师也不谦让。"

【今思论语】

师生都应以"仁"为目标,互相勉励走上人生正途,所以学生不必对老师谦让。

"当仁,不让于师"如同西方哲学家亚里士多德之言"吾爱吾师,吾更爱真理"。当时他与老师柏拉图产生了相左的意见,这并不代表对老师不尊敬,而是真理所在,这就是做学问的精神。

5.25

【原文】

子张问仁于孔子。孔子曰:"能行五者于天下为仁矣。"

"请问之。"曰:"恭、宽、信、敏、惠。恭则不侮,宽则得众,信则人任焉,敏则有功,惠则足以使人。"

——选自《论语》第十七篇第六章

【大意】

子张向孔子请教什么是仁。孔子说:"能够处处实行五种品德的就是仁人了。"

子张说:"请问五种品德是什么。"孔子说:"恭敬、宽厚、诚信、勤敏、慈惠。恭敬就不致遭受侮辱,宽厚就会得到众人的拥护,诚信就能得到别人的信任,勤敏就能取得成功,慈惠就能够指挥别人。"

【今思论语】

在本文中,孔子讲到恭、宽、信、敏、惠,这五点代表了道德修养的五个方面,如果能切实要求自己行此五者,就可以成为仁者。

"恭"与"敬"并不完全同义,一般说来,恭是外在的,敬是内在的。恭表现出来的对待别人的态度,往往是与内心的敬相辅相成的,也就是说只有内心诚敬,才能表现得恭。具体来讲,要想做到"恭",在对待别人时,就要有基本的尊重。无论对方的地位高低、能力强弱、富裕贫穷,都要平等对待。不能因为别人在某方面不如自己,就轻视别人,或者出言贬低别人。在交往中对他人尊重,对方也会报以同样的尊重。如果你对他人不恭,必然会引起他人的反感,在这种情况下,交往双方都会遭受侮辱,这就是孔子所说的"恭则不侮"。

"恭、宽、信、敏、惠"涉及个人修身、事业发展、领导艺术,真正的圣人并不回避俗世的成就,是内圣与外王的集成者。

拓展阅读

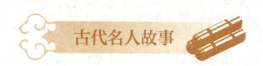

孔子去卫适陈

孔子和子贡等离开宋国,经过郑国、陈国去往楚国。当师徒十多人走到陈国和蔡国边界时,边界守军不让他们前往楚国。孔子师徒被围困在前不挨村、后不着店的荒郊野外。被困的第四天，粮食没有了，他们只得挖野菜充饥。几个弟子相继饿出了病，躺在地上，连爬起来的力气都没有。孔子却神色坦然地坐在舆帐里，诵诗、唱歌、弹琴。子路心烦意乱地来见孔子，说："君子也有穷困的时候吗？" 孔子看着满脸幽怨之色的子路，心平气和地说："君子在穷困的时候能坚守节操，小人遇到穷困不能控制自己，什么事都能干出来。"子路想说什么，却没说，赌气扭身便走。孔子深知，在这危难关头，弟子们的思想很活跃，对他的作为不理解，对他的政治主张产生了怀疑。他想，很有必要和弟子们进行一下思想交流。于是，他叫来刚刚离他而去的子路，问道："我们既不是野牛也不是猛虎，为什么要流落在荒无人烟的野地里。我们的主张不对吗？我们为什么会困在这里？"子路寻思了一下说："恐怕是我们的仁德还不够吧？所以，人们才不信任我们；恐怕是因为我们的智谋还不够吧？人家才不让我们通行。"孔子摇头："假使有仁德的人能使人信任，哪还会有伯夷、叔齐这样的好人饿死在首阳山呢？要是有智慧的人必定能够处处畅行无阻，哪还会发生有比干被剖心的事呢？"孔子又把子贡叫来，问他同一个问题。子贡说："是不是老师的主张太大了，因此天下没有一个国家能容纳老师。老师何不降低一下自己的政治主张，贴近一下现实呢？"子贡直来直去的话，其实是思索了好久才说出来，早想向老师建议的一个问题。孔子不满意地说："赐呀，一个善于耕田的农夫，不见得有好收成；一个好的工匠虽有精巧的手艺，却未必能使人都称心如意；君子也是一样，他只能专心地修道，提出自己的政治主张，却不一定会被社会容纳。现在，你不能坚信自己的理想，反而想一味迎合众人，志气真是小啊！"子贡听了老师的话，心里虽然不舒服，也不完全同意老师的看法，却被老师矢志不渝的精神和高尚的操守深深感动。孔子又叫来了颜回，也问了他同样的问题。颜回说："老师的道理太大了，天下虽大却还是容不下。虽说如此，老师不改其志，依然推行自己的主张。不被世俗容纳有什么关系？不被世俗容纳才显出君子本色。"孔子听了颜回的话，愁苦了几天的脸上有了笑容，说："好小子，好小子！要是你将来成了大富翁，我一定做你的管账先生。"颜回走了，孔子看着颜回的背影，心花怒放地想弹奏一曲。

资料来源：https://www.dawendou.com/xindetihui/qitaxindetihui/59513.html

感动中国人物——百岁"仁医"胡佩兰

技不在高而在德，术不在巧而在仁。

医者，看的是病，救的是心，开的是药，给的是情。

扈江离与辟芷兮，纫秋兰以为佩。

你是仁医，是济世良药。

——感动中国颁奖词·胡佩兰

她是全国最年长的青年志愿者；她是解放战争初期的全国劳模；她曾被周总理亲自接见；她被称为全国年龄最大的上班族……

98岁的"良心医生"胡佩兰，用实实在在的付出和坚持白描了"仁医"二字。

"大家闺秀"胡佩兰并未踏着"三寸金莲"，过着不劳而获舒适的生活，而是选择学新学，去外面见大世面。1938年，胡佩兰以优异的成绩考入了河南大学医学部，成为汝南县第一个女大学生。

1944年，胡佩兰毕业了，先后在陕西富平，河南开封、内乡、许昌、潢川，湖北武汉等地行医。1949年6月，她在武汉参加革命工作，任武昌铁路医院妇产科主任。1955年，她调任郑州铁路中心医院妇产科主任。1986年退休。

"几十年里，母亲随叫随到，遇到大手术，一站就是几个小时、十几个小时。出门诊、出满勤、干满点，很少下午两点前吃饭，从不许自己的亲属在她看病时打扰她。"谈起母亲的职业精神，儿子胡大一充满感慨。

胡佩兰的付出也受到了认可。

她连年荣获河南省及郑州铁路局劳动模范、先进生产者、三八红旗手等称号，享受省部级劳模津贴。

胡佩兰的生活里永远是家、医院、图书馆三点一线奔波。

> **论语诵读**

儿子胡大一回忆，自打记事起，家里就很少能见到母亲的影子，她不是去医院就是去图书馆。孩子们若想见到母亲，需要凌晨5点起床，方可看到母亲正在学习俄语的身影。

胡佩兰自学了俄语、英文。在她60岁时，还跑到北京上培训班学了3个月的日语。

胡佩兰甚至跟家里人"约法三章"，在她上班的时间不能去看望，不能去打扰。"她上班很准时，但下班没点儿，什么时候看完病人什么时候走"。上班对于胡佩兰来说，是一件光荣甚至带着仪式感的大事。

"多活一天，就多干一天。只要还能看病，我就要上班。"胡佩兰是这样说的，也是这样坚持的。她给我们上了深刻的一课。

资料来源：https://wenku.baidu.com/view/6a27871cedfdc8d376eeaeaad1f34693daef107d.html

第六章

善与人交，合作共赢
——交友篇

"呦呦鹿鸣，食野之苹。我有嘉宾，鼓瑟吹笙"。与朋友同聚，举杯对饮，赋诗高歌，是人生中最快乐之事。韩愈曾经说过："少年乐相知，衰暮思故友。"法国谚语写道："没有一个朋友的人不是一个完全的人。"人生在世，最重要的情感寄托之一就是朋友了，生命之中少不了朋友的相伴，一个人一生中和朋友相处的时间，不少于和亲人相处的时间，可见朋友在我们的人生中真的是必不可少、十分重要的。所谓"近朱者赤，近墨者黑"，和什么样的人交朋友，久而久之也会变成什么样的人，在一定程度上，朋友的样子就是你的样子。在和朋友相处的过程中，彼此之间会潜移默化地相互影响着对方，因此，择友的重要性就不言而喻了。

那我们要选择什么样的人做朋友呢？答案首先是德行好的。一个人的人品不行，那么他这一辈子注定不会有太大的成就。一个人可以没有能力，但人品一定要好，如果连做人的德行都不具备，那么即使他有再大的能力也是徒劳的。《论语》中记载，孔子主要教授四个学科：德行、言语、政事、文学，德行始终放在第一位。孟子说："得道者多助，失道者寡助。"人品好的人，就算能力暂时不够，也会有贵人相帮，当你在与人相处的过程中付出了自己的真心，也会得到别人的真心回馈。交友时应最重人品，只有品行好了，其他方面一切皆好。

其次，孔子还说："无友不如己者"，交友就要交与自己志趣相投的朋友。曾国藩："求友以匡己之不逮，此大益也。"孔子说："益者三友，损者三友。友直，友谅，友多闻，益矣。友便辟，友善柔，友便佞，损矣。"我们如果能交到这样的益友，个人的发展无疑是大有裨益的。

那怎么才能交到这样的益友呢？答案就是要学会识人。子曰："众恶之，必察焉；众好之，必察焉。"孔子说："众人都厌恶他，一定要去调查；大家都喜爱他，也一定要去调查。"朋友好交，而识人难，我们一定要用自己独立的观察和思考去对待交友这件事。孔子教导我们，对一个人不应该以众人的说法作为自己判定的标准，一定要实事求是地进行考察，在知人论世上必须要有自己独立的思考。人言可畏，众人之论未必出于公论，公论也未必尽出于众人之口。舆论未必完全可信，不能人云亦云，必须切实辨析与核查。

那交到益友之后，又该如何相处呢？孟子说："人之相识，贵在相知，人之相知，贵在知心。"人无完人，朋友之间相处不可以过分追求完美，只要品行好、志趣相投、心意相通即可。"尊贤而容众，嘉善而矜不能"，好朋友可遇而不可求，一辈子能遇上几个好朋友算是人生的幸运,所以,不必苛求友人定要胜于己。好朋友之间相处要惜于品、敬于德、交于情、拥有礼、信于诚、甚至要伴于爱、容于度。

庄子曰:"君子之交淡如水",总是用自己的一颗真心去对待朋友,我们自然就会拥有了许多值得信赖的好朋友。交友要慎重,对待朋友要真心、平和,按照孔子教给我们的去做,不愁此生没有好朋友。

经典章句

6.1

【原文】

子曰:"视其所以①,观其所由②,察其所安③。人焉廋④哉?人焉廋哉?"

——选自《论语》第二篇第十章

【注释】

①所以:所做的事。

②所由:所通过的途径。

③安:安心。

④廋(sōu):隐藏、隐蔽。

【大意】

孔子说:"要看清一个人的行为动机,观察他为达到一定目的而通过的途径;了解他的心情,安于什么,不安于什么。那么,这个人的内心怎能隐藏得住呢?这个人的内心怎能隐藏得住呢?"

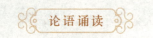

【今思论语】

　　知人是交友的前提和依据，也是一门极为高深的学问。我们即使知道应该和什么人交朋友，但如果识人不明，也不会有好结局。孔子认为，无论是为人处世还是治理社会和国家，都不能不知人，知人虽然很难，但并不是没有办法。在这里，孔子便教给我们一套了解他人、认识他人的科学方法。

　　孔子这套方法分别是"视其所以""观其所由""察其所安"，可以概括为"视""观""察"识人三部曲。具体说来，首先，要想了解一个人，必须先看他的言行；其次，观察他做事时的心理；最后，确认他的价值取向和志趣所在。经此三步，就能对一个人做出较为彻底的认识和了解，使其在你面前无处遁形。

　　所谓"视其所以"，就是说要观察一个人他在做什么。每个人的行为都不相同，有人为恶，也有人为善。但我们每个人做事，大抵都是有目的的，我们也可以大概从一个人正在做的事情，来推理这个人行事的目的。行善的就是君子，作恶的就是小人，按照这个标准，可以初步判定这个人的品行。但是，因为一时的行为具有一定的迷惑性，这种方法只是从眼前之事分析，并不足以了解对方，只是从表面上知人识人，还应更进一步才行，所以，我们要判断一个人行事的目的，还要结合内在的缘由来分析，也就是所谓的"观其所由"了。

　　所谓"观其所由"，是指观察一个人行事的动机和方法。观察为恶的人，看他们是迫于无奈还是心存恶念，若心存恶念就会为达目的不择手段，多采用一些坑蒙拐骗的伎俩。对于行善的人，也要分开来看，应当观察是不是真心为善，是否诚实，以及其目的何在。若是真心为善，就不会伪装，只是为了行善而没有别的目的。但若是假意行善，则是沽名钓誉之徒。这种方法是从较为长远的角度了解对方，要比前一步深入许多。

　　第三步是"察其所安"，要求我们深入了解对方价值取向和志趣所在。也就是要察看这个人的最终目标是什么，理想是什么，因为什么而感到安心，再结合这个人过去的经历和现在的作为，大抵就能了解这个人的性格大方向了。若是以行善助人作为自己的价值观，这样的人就会真心喜欢行善，就不会有着过分的矫情，就是真君子。但若出于某种目的或形势不得不这样做，即便是行善，也非志趣所在，也不会乐于长期做下去，这种人便不是真正的君子。倘若能够看透别人内心的善恶及志趣所在，也就达到了知人识人的最高境界。

孔子的识人法，是对一个人从外看到内，进行全面了解和深入考察。即便他人的城府极深，极力想将自己的真实想法掩藏起来，只要我们耐心观察，照样能让他们无所遁迹，乖乖现出"原形"。在一般情况下，很多人能做到前两点，可是这样并不能实现真正了解他人，只有把握其价值观，才能彻底了解。言语是最表面的东西，最不靠谱，就连日常的行为也只是初步判断的标准而已。当我们了解他人做事的动机后，已经能够较为准确地认识他人了。如果能认准其价值观和志趣，才算是真正知人了，只有"知人"，才能"善交"。

6.2

【原文】

子游曰："事君数①，斯辱矣；朋友数，斯疏矣。"

——选自《论语》第四篇第二十六章

【注释】

①数（shuò）：多次、屡次。

【大意】

子游说："进谏君主过于频繁，就会遭受侮辱；若过于频繁劝告朋友，反而会被疏远。"

【今思论语】

在子游看来，人与人之间太过亲密或是太过疏远，都不是最佳状态。每个人都应有属于自己的私密空间，交往要保持恰当的距离。若是双方太过亲密，没有一点秘密的话，时间久了定会产生厌烦的情绪。若是双方过于疏远的话，就会日渐冷淡，也不利于双方的交往。也就是说，双方只有在适当的距离内，才能相处更加融洽。

冬天，天气非常冷，两只小刺猬躲在洞中。其中一只刺猬对同伴说："我们互相靠近一点，会暖和一些。"同伴觉得有道理，就靠了过去。可是，由于靠得太近，它们身上的刺都刺到了对方。为了取暖，它们没有轻言放弃，开始了又一次地尝试。这一次为了避免伤害到对方，它们就一点一点地向对方靠近。最后，让他们找到了一个既能感觉到温暖，又刚好刺不到对方的距离，平安地度过了冬天。

人与人之间的相处也像故事中的两只刺猬一样。双方离得远了，就想互相靠近找一份依靠和温暖；而离得近了，又会在不经意间伤害到对方。无论是离得过远还是离得过近，都不是最完美的选择，除非你能找到最合适的距离。作为一个智者，子游敏锐地观察到这个现象，提出了"事君数，斯辱矣；朋友数，斯疏矣"的观点。我们都会有这样的体会：早年的好友同学，因为长期不来往，便生疏起来；有时发现，原本非常要好的朋友，因为过从甚密，会由于一些小摩擦而反目，就是刺猬法则在生活中的具体体现。之所以如此，是因为人们在交际中忽略了一个"度"的问题。

在这里，子游说了两个方面的典型问题，首先是与君主关系过于密切，就会受到严重的侮辱。俗话说，伴君如伴虎，常言道"天心难测"，与君主来往过密，君主一旦翻脸，做臣子的难免受辱。现在与领导相处，也必须注意有度，否则，只会自取其辱。与领导交往，在注意度的同时，最关键的要"知礼"，任何事情都不越礼，就不会招来羞辱。

其次，子游强调了朋友之间过于亲密，最终必然疏远。之所以会这样，是因为亲密容易使人放松无忌，会在无意中触犯朋友禁忌；来往过密必然了解较深，过于深入则会侵犯隐私。一旦犯了忌讳，或者对朋友的隐私缺乏应有的尊重，必然会不欢而散。所以，正确的相处之道是保持恰当距离，尊重别人的隐私。无论对方与你的关系有多亲近，也要给对方留有私人的空间。另外，应好好利用距离效应，即在与他人交往时，应当与对方保持适当的距离，给双方都留下一些私秘的空间，这对双方的交往十分有利。

6.3

【原文】

曾子曰:"以能问于不能,以多问于寡;有若无,实若虚;犯而不校①。昔者吾友②尝从事于斯矣。"

——选自《论语》第八篇第五章

【注释】

①校:计较。

②吾友:一位朋友,有人说指颜渊。

【大意】

曾子说:"有才能的人却向没有才能的人请教,知识广博的人却向知识少的人请教;有学问却像没学问一样,满腹知识却像空虚无所有;即使被冒犯,也不去计较。从前我的一位朋友就曾这样做了。"

【今思论语】

曾子即曾参,是孔子学说的主要继承人和传播者,在儒家文化中具有承上启下的重要地位。曾参以他的建树,与孔子、颜子(颜回)、子思、孟子一起,被人们比肩并称为"五大圣人"。

"问于不能""问于寡"等都表明了曾子谦逊、好学的态度。知识浅陋、才能一般的人,并非一无是处,在他们身上也有值得别人学习的地方。因此,善于学习的人既能向有知识、有才能的人学习,又能向知识才能一般的人学习。"有若无""实若虚"表明曾子希望人们始终保持谦虚不自满、虚怀若谷的态度去学习。这样的人到底有没有呢?回答是肯定的,这里曾子所说的"吾友",有人说指孔门中德行、学问

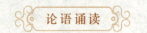

都很出众的颜回，有这样的朋友真的可以值得自豪和骄傲了，这也体现了孔子所说的应交益友的原则。

6.4

【原文】

朋友死，无所归，曰："于我殡①。"

——选自《论语》第十篇第二十二章

【注释】

①殡：古代停放灵柩和埋葬都可以叫殡。这里泛指一切丧葬之事。

【大意】

朋友死了，没有人负责收殓，孔子说："由我来料理丧事吧。"

【今思论语】

本文记述了孔子对亡友的情谊。孔子并不因为朋友故去就躲避起来，而是在朋友死后，仍然待朋友有情谊。朋友死了，无人收殓，孔子来帮他送葬。这种行为在现在看来，简直太了不起了。人们一般的做法都是你有病了或有灾了，就躲得远远的，就更别说死后帮其送葬了，这可不是一般人能做到的行为。孔子的伟大之处就在这里，为人正直、人格高尚，谁能交往到孔子这样的朋友，真是三生有幸，我们也要向他学习。

6.5

【原文】

朋友之馈,虽车马,非祭肉,不拜。

——选自《论语》第十篇第二十三章

【大意】

对于朋友的馈赠,即便是车和马,只要不是祭祀用的肉,在接受时,也不行拜谢礼。

【今思论语】

孔子的这种做法,是对儒家交友之道的精彩诠释。儒家的交友之道便是重感情,轻利益。真正的朋友,看中的是彼此之间心心相印的感情,而非利益。在当时,车马可以称得上是非常贵重的礼物了,可是孔子却不拜谢友人,因为他重视的是双方的感情而非钱财,这也是儒家"义高于利"的具体表现。孔子对于礼却是很重视,祭肉虽不贵重,却是拿来祭祀神明的,是礼制的象征,因此孔子在接受时行拜谢礼,这表明孔子重视的不是物品本身,而是礼制和规矩。

6.6

【原文】

司马牛忧曰:"人皆有兄弟,我独亡①。"子夏曰:"商闻之矣:死生有命,富贵在天。君子敬而无失,与人恭而有礼,四海之内,皆兄弟也。君子何患乎无兄弟也?"

——选自《论语》第十二篇第五章

【注释】

①亡：同"无"，没有。

【大意】

司马牛忧愁地说："别人都有兄弟，唯独我没有。"子夏说："我听说过：死生由命运决定，富贵在于上天的安排。君子认真谨慎地做事，不出差错，对人恭敬而有礼貌，四海之内的人，就都是兄弟。君子何必担忧没有兄弟呢？"

【今思论语】

司马牛，也是孔子的弟子。复姓司马，名耕，一名犁，字子牛，宋国人。《史记·仲尼弟子列传》中记载他"多言而躁"。相传为宋国大夫桓魋的弟弟。他的哥哥桓魋参与宋国叛乱，失败后逃跑，司马牛也被迫离开宋国逃亡到鲁国。公元前492年，孔子从卫国去陈国时经过宋国。桓魋听说以后，带兵要去杀害孔子。当时，孔子正与弟子们在大树下演习周礼的仪式，桓魋砍倒大树，要杀孔子。孔子连忙在学生保护下离开了宋国，而在逃跑途中，桓魋的弟弟司马牛说了这句话。司马牛跟他哥哥不是一类人，他是尊敬孔子的。所以司马牛说："人皆有兄弟，我独亡。"言有兄弟跟没有一样。司马牛是孤独的，他既羡慕别人有兄弟，也怀念自己的家乡。司马牛最后死在鲁国，死在老师身边。

这时候他的同学子夏说："君子敬而无失，与人恭而有礼，四海之内皆兄弟也。君子何患乎无兄弟也？"子夏的话给司马牛带来了无尽的宽慰。

"敬而无失"的"敬"是谨慎的意思，就是尽量不出错。"与人恭而有礼"，就是交朋友要能够更加细心一些，讲究周到的礼数，推己及人。我们联系上下文来理解子夏的话：虽然"死生有命，富贵在天"，但我们个人能够做到的是"君子敬而无失，与人恭而有礼"。

"四海之内皆兄弟也。君子何患乎无兄弟也。"一个人只要做到"敬而无失"，与人"恭而有礼"，那么"四海之内皆兄弟也"。这里的兄弟并非指血缘关系上的兄弟，而是泛指朋友。我们的生活有着很大的随机性，假若你交到了一个好朋友，会让你了解一个新的领域。朋友是人立足社会的重要支柱，有时候能够给你最大帮助的人，未必是与你有血缘关系的兄弟，而可能是你后天交到的朋友，他们可以为你带来新的思路，让你的人生有更多的可能性。

"君子何患无兄弟也"，一个人能够真正有君子的状态，怎么会担心自己没有像兄弟一般的朋友呢？这是子夏对兄弟的看法，他希望这些能够帮助司马牛。也希望这句话能够帮我们以更开阔、更豁达的态度来面对这个世界。

6.7

【原文】

子贡问友。子曰："忠告而善道①之，不可则止，毋自辱焉。"

——选自《论语》第十二篇第二十三章

【注释】

①道：通"导"。

【大意】

子贡问与朋友的相处之道。孔子说："忠心地劝告他并好好地开导他，如果不听从就罢了，不要自取侮辱。"

【今思论语】

此段的核心在于"我们不要试图去左右别人的选择"。若朋友犯了错，走错了路，要好好引导，不可强烈灌输自己的观点，会让对方形成逆反心理，有时对方明知道你说得对，但也要往坏的方向走，不但帮不了朋友，会使朋友朝着错误的方向走下去，而且也会破坏朋友之间的情谊，达不到最初想要的效果。

孔子为何要对子贡讲这样一段话呢？因为子贡这个人特别喜欢品评别人，作为商人，他很成功，为人聪明善决断，喜欢为别人做决定，对别评头论足，所以在交友

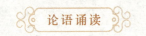

问题上有许多困惑。孔子就告诉他："不可则止，毋自辱焉。"无论什么事都是一个人的事，甚至连婚姻都是一个人的事，亲子关系也是如此，总觉得是为别人好，双方就会陷入无尽的痛苦中，最终导致亲人、朋友渐渐疏远，这不是为别人好，只是把自己的观点强加在别人身上。

不要一下否定别人的观点，可以比较分析，可以与别人分享自己的想法，但是不要把自己的想法强加在别人身上。每个人的出发点不同，能力不同，处理事情的方式和方法都会不同，可以尝试自己的方法，也可以探究别人的做法。所以做自己该做的，说自己该说的，即使别人做不到也没关系，每个人要为自己的人生负责，这才是与人的相处之道。

6.8

【原文】

曾子曰："君子以文会友，以友辅仁。"

——选自《论语》第十二篇第二十四章

【大意】

曾子说："君子用文章学问来结交、聚合朋友，用朋友来帮助自己培养仁德。"

【今思论语】

曾子说的话一般都比较直率、接地气。在他看来，君子结交朋友的真正目的是"以友辅仁"，通过与朋友相聚来讨论文章和知识，促进各自仁德修养的发展——用朋友来辅助仁德。我们提倡结交朋友，结交朋友并不表示要通过结交达官显贵来改善自己的物质条件，而是指通过结交朋友来完善自己的品德，提高自己的修养和丰富自己的学识。在现实生活中也是一样，只有结交在学识、德行等方面对我们有帮助的朋友，才能不断进步！

曾子的时代提倡以文会友，而我们现代人更多的是以酒会友。以文章学问相会，通过"文"来结识志同道合之人，相互尊重，相互切磋，相互长进，大家一起学习进步，更能使友谊长青。就像我们拿到手里这本书之后，大家聚在一起探讨一下《论语》，各自说说自己的心得体会，这才是君子交友的真正方法，也是对人生有意义的交友方式。所以，正人君子交朋友要以志同道合为基础，友谊不要维系在酒肉关系和金钱之上，那样是不会长久的。

6.9

【原文】

子贡问曰："乡人皆好之，何如？"子曰："未可也。""乡人皆恶之，何如？"子曰："未可也。不如乡人之善者好之，其不善者恶之。"

——选自《论语》第十三篇第二十四章

【大意】

子贡问道："乡里人都喜欢他，这个人怎么样？"孔子说："还不能肯定。""乡里人都厌恶他，这个人怎么样？"孔子说："也还不能肯定。最好是乡里的好人都喜欢他，乡里的坏人都厌恶他。"

【今思论语】

本文讲的是如何认识人、评价人的问题。我们要与人为友，我们首先要明白什么是益友，什么是损友，但如何去识别人呢？怎样才能揭开层层面纱正确地去认识一个人、评价一个人？孔子认为不能简单从周围人们口中来看，看人不能从众，还要细心考察，仔细判断，然后才能做出准确的评价。

在日常生活中，我们不可避免地要与身边的人们打交道，如何来识人？在致力于追求君子之道的孔子看来，子贡提出的"乡人皆好之"和"乡人皆恶之"这两种观点都失之偏颇，所以孔子说"未可也"。孔子认为，真正的贤者应该是"乡人之善者好之，其不善者恶之"。孔子乃千古圣人，知道为人之难，做事不易，所以说"乡人皆好之"和"乡人皆恶之"皆"未可也"，一个人为人处世的最高境界应该是让"善者"认同自己而与之交好，让"不善者"远离甚至憎恶自己。

"乡人皆好"未必真好。有些人表面上乐善好施，背后却是收买人心，满肚子阴谋诡计。不明就里的人们，都会对他夸赞不已。想当年，王莽未篡位时，何止是乡人皆善之，还是举国皆善之。结果如何？竟然成了乱臣贼子。"乡人皆好"或许是一种典型的老好人，现实生活中到处都可以看见这种人，他们见到错误不批评，是非面前不说话，遇到问题绕道走，你好我好大家好，这实际上是怕得罪人。表面上看起来这种做法对身边的人都有好处，骨子里其实只为自己着想。

"乡人皆恶"，也未必是真恶。有道之士往往特立独行，言语行动皆为人所不解。明朝晚期著名思想家李贽，他的一生充满着对传统和历史的重新考虑，是明朝后期社会思想变革的一个聚焦般的人物，他对封建社会的男尊女卑、社会腐败、贪官污吏，大加痛斥批判，主张"革故鼎新"，反对思想禁锢，但在当时他就是不为人理解的典型。李贽晚年，弃官隐居麻城龙潭湖上的芝佛院，在那里他著书立说，揭批道学家们的伪善面目，还在讲学时抨击时政，听者甚众。万历十六年（1588年）夏，李贽剃头落发，表示断绝尘世。但是，在遁入空门之后，他既不受戒，也不念经，成为人们眼中的异端。当地保守的官员和普通百姓对他的行为甚是不解，怕他带坏了风气，于是群起围攻，甚至要把他驱离此地。因此，乡人皆恶之，也可能是冤枉了别人。

能做到"善者好之，不善者恶之"，在面对善者时，有善的一面；在面对恶者时，有反对的一面，方显智者风范。在这一点上，鲁迅堪称典范，他一生不断地为中华民族的生存和发展而挣扎奋斗。一方面他用笔主持社会正义，揭露当时统治的黑暗，反抗强权暴政；另一方面他努力地保护爱国青年，培育新生力量。他以笔墨为号角，唤醒中华民族精神，正是乡之善者好之；他无情地揭露统治者的专制和暴政，正所谓乡之恶者恶之。鲁迅这种心忧天下、爱国爱民的情怀，让人们对他产生由衷的爱戴和敬重。

所以，我们也要学会正确看人。对那些"乡人皆好"者，我们要看清其真面目；对那些"乡人皆恶"者，我们更要仔细分辨；对那些"善者好之，恶者恶之"的人，我们要着重关注和培养，因为他们才是社会的希望。

6.10

【原文】

子路问曰:"何如斯可谓之士矣?"子曰:"切切偲偲①,怡怡②如也,可谓士矣。朋友切切偲偲,兄弟怡怡。"

——选自《论语》第十三篇第二十八章

【注释】

①偲偲(sī):勉励、督促,诚恳的样子。

②怡怡:和气、亲切,顺从的样子。

【大意】

子路问道:"怎么样才可以成为士呢?"孔子说:"互相帮助、督促,且和睦相处,就可以叫作士了。朋友之间要互相勉励督促,兄弟之间要和睦相处。"

【今思论语】

在本文中,子路问士,孔子提出要友好地处理好朋友之间、兄弟之间的关系。在孔子看来,朋友之间应该如何相处呢?孔子强调希望朋友之间能够互相批评指正,来提升德行来达到"以友辅仁"的最终目标,当然这些都是建立在善意的基础之上的,也是孔子提出的爱人之道,都是士要达到的做人准则。孔子说互相监督和互相批评、指正,而且能和睦相处,就可说是士了。其实,孔子这是专门针对子路这种直率而急躁的性格来说的,子路脾气直而且急,常常听不进别人的劝告,难免会行事不当,进而不能与人友好相处。所以孔子针对子路的特点具体说明,这也体现了孔子因材施教的一面。

接下来孔子又说:"朋友切切偲偲,兄弟怡怡。"讲的是朋友和兄弟之间各自的相处之道了。与朋友相处重点还是要相互勉励、匡正。一般好朋友之间地位平等,相互批评指正，压力不会太大。很多时候，我们不能跟家里说的话，最有可能的，也就是与朋友说了，因为朋友之间没有太多的顾忌，善意的批评指正也更容易被接受。而兄弟之间就不适合去批评指正，因为兄弟之间是有血缘关系的，哥哥批评弟弟有压迫之感，弟弟批评哥哥有逾越之感，一旦因为相互的批评而影响了兄弟关系，大家整日居住在同一个屋檐下，又割舍不断，就会使彼此都感到尴尬。所以，孔子建议是朋友之间以相互责善为主，兄弟之间以和睦相处为主，这样才能让各种关系维护得更好。

从古至今，我们都秉持孔子与人为善的交友原则，党的二十大报告中指出，坚持亲诚惠容和与邻为善、以邻为伴周边外交方针，深化同周边国家友好互信和利益融合。秉持真实亲诚理念和正确义利观加强同发展中国家团结合作，维护发展中国家共同利益。

6.11

【原文】

子曰："众恶之，必察焉；众好之，必察焉。"

——选自《论语》第十五篇第二十八章

【大意】

孔子说："众人都厌恶他，一定要去考察；大家都喜爱他，也一定要去考察。"

【今思论语】

俗话说："画虎画皮难画骨，识人识面不识心。"朋友好交，识人难，尤其是对这种有争议的人，我们应该怎样去对待他们，孔子在本文中专门教导我们如何去识人。孔子认为，在知人论世上必须独立思考，对一个人不应该以众人之口左右自己的是非判断，一定要实事求是地进行考察。人言可畏，众人之论未必出于公，公论也未必尽出于众人之口。舆论未必完全可信，不能人云亦云，必须切实核查。

《红楼梦》里有一句话说得好:"假作真时真亦假,无为有处有还无"。这个世界上,真真假假,虚虚实实,我们见到的还少吗?有时候假冒的东西,做得比真的还像,甚至让人把真的误以为是假的。

有时,大家都厌恶一个人,未必是这个人不好,可能是这个人特立独行,为人耿直,不愿意和别人同流合污,影响了别人的利益,那些人都说他的坏话,并不是因为这个人的人品不好。相反,有些人跟谁都合得来,跟谁都没有过节,甚至还经常用小恩小惠来收买人心,沽名钓誉。这种人表面上什么都好,是个大善人,但背地里却做一些上不了台面的事。所以说,即使大家都说一个人是好人,也不能轻易相信,还是要仔细观察的。这与"乡人皆好之,未可也;乡人皆恶之,未可也。"讲的是一样的道理。

6.12

【原文】

子曰:"道不同,不相为①谋。"

——选自《论语》第十五篇第四十章

【注释】

①为(wéi):做出。

【大意】

孔子说:"志向、主张不同,不在一起谋划共事。"

【今思论语】

在本文中,孔子讲的"道不同,不相为谋"这句话也是千古名言。

所谓"道不同不相为谋,志不同不相为友",即朋友结交相处,最重要的是人品德行,也就是这里说的道。人的品行不同,对事的看法便不同,做事情的态度也不同，是君子便能接受别人的建议，愿意提升自己，可以长久地相处；是小人，别人的话听不进，只会强词夺理，又何必与之纠缠呢！不同的朋友圈，成就的是不同的你，想要优秀，就和优秀的人为伴，那些不好的朋友我们要及时舍弃。

东汉时期，管宁与华歆二人曾为同窗好友。有一天，二人同在园中锄草，一起发现地里有一块金子，管宁对金子视如瓦片，挥锄不止，继续干自己的活。而华歆则急忙拾起金子，端详半天又把它放在一旁。又有一次，华歆、管宁一同在屋里读书，外面有达官显贵的车驾经过，热闹非凡。管宁丝毫不受影响，照常读书学习，但华歆却把书丢下跑出去观看。等到华歆回来，发现管宁已经将二人同坐的草席割开，以示与其决裂。这就是我国古代著名的"割席断交"典故。显然，管宁淡泊名利，而华歆则更在乎身外之物。管宁见华歆与自己并非真正志同道合的朋友，便割席分坐，自此以后，再也不以华歆为友。这就是"道不同不相为谋"的最好例子。

6.13

【原文】
　　孔子曰："益者三友，损者三友。友直，友谅①，友多闻，益矣。友便辟②，友善柔，友便佞③，损矣。"

——选自《论语》第十六篇第四章

【注释】
①谅：诚信。
②便辟：逢迎谄媚。
③便佞：用花言巧语来取悦别人。

【大意】

孔子说:"有益的朋友有三种,有害的朋友有三种。同正直的人交友,同诚信的人交友,同见闻广博的人交友,是有益的。同逢迎谄媚的人交友,同表面柔顺内心奸诈的人交友,同花言巧语的人交友,是有害的。"

【今思论语】

本章是孔子专门讲交友之道的,他所提出的择友的标准对我们而言,至今都有非常重要的参考价值,可谓金玉良言。朋友在每个人的生活中是很重要的,在家靠父母,出门靠朋友。想要了解一个人,看看他的朋友便可略知一二。真正有益的朋友,坦率、诚信、见闻广博,在你最需要的时候能出现在你面前。找正直的人做朋友,这个朋友直来直去,不需要太多的心机。与真诚可信赖的人交朋友,平时平淡如水,但是落魄的时候会默默拉你一把,这是真正的朋友。与博学而见多识广的朋友交朋友,对你个人的人生增进是很有帮助的。而那些逢迎拍马、口蜜腹剑、巧言谄媚的朋友在事业上、生活上对你十分有害。第一种损友叫作"友便辟",指的就是善于谄媚的,喜欢说好听的话,让你高兴的人。第二种损友叫作"友善柔",指的是口是心非,从不谈自己内心的人。第三种损友叫作"友便佞",指的就是夸夸其谈、花言巧语的人。这种朋友往往一聊天,就把自己和一些名人、熟人扯上关系,自吹自擂,通过这样的方式建立自信,但人们往往都不知道他们哪句是真,哪句是假,根本不值得信赖。他们通常也不会在你落难的时候帮你一把。所以,不值得信赖和依靠的朋友,请尽早远离他们。

这是孔子的交友原则,对现在的人来说也是很有启发的。择友是一门学问,远离损友,减少那些和损友在一起的无用社交,多与益友在一起,与益友同行,你的人生才会更加精彩。

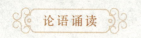

6.14

【原文】

孔子曰："益者三乐，损者三乐。乐节礼乐，乐道人之善，乐多贤友，益矣。乐骄乐，乐佚①游，乐宴乐，损矣。"

——选自《论语》第十六篇第五章

【注释】

①佚（yì）：安逸。

【大意】

孔子说："有益的快乐有三种，有害的快乐有三种。以用礼乐调节自己为乐，以称道人的好处为乐，以有很多德才兼备的朋友为乐，是有益的。以骄纵享乐为乐，以安逸游乐为乐，以宴饮无度为乐，是有害的。"

【今思论语】

在本文中，孔子给我们讲的是乐亦有三益三损的问题，承袭了前边的"益者三友，损者三友"的风格。从古至今，虽然生活方式不同，但人们追求幸福快乐的大原则是不变的。但快乐对人并非都是有益的，有的快乐实际是有毒害的。在上一篇文章中，孔子教给我们辨别什么是益友，什么是损友，而在这里，孔子教给我们辨别什么是有益的快乐，什么是有害的快乐。

我们先看益者，第一种是乐节礼乐，这个第一个"乐"也是爱好的意思。"节礼乐"这是讲礼乐节制，礼是讲秩序，乐是讲和谐，以礼治身，以乐调心。把礼乐的调节作为快乐。在古代，人们的生活很简单，也很无聊。日出而作日落而息，孔子提出乐节礼乐以达到中和的目的。儒家一直存有乐教的思想，其实礼乐的调解正是很好的体现。孔子认为，在生活中、工作中需要用礼节和音乐调节生活中的苦闷和枯燥。

第二种是乐道人之善，把赞扬别人的优点作为快乐。人们都喜欢听别人赞扬自己的优点，如果你赞扬别人，别人觉得快乐，你也收获了快乐。反过来，你总是紧抓着对方的缺点不放，还喜欢用刻薄的话打压他们，其实是小人所为。在这里不是想说要用好听的话拍马屁，而是说，我们应该从别人身上的优点中获益，在赞美别人优点的同时反省自己是否也具有这个优点。

第三种是乐多贤友，把多交贤良的朋友当作快乐。有一句话叫作"近朱者赤，近墨者黑"。你和什么样的人在一起，就容易变成什么样的人。在生活中，如果你的朋友都是贤良之人，那你的品性也坏不到哪里去；在工作中，如果你的同事都是上进之人，那你也会不自觉地学习，提升自己；反之，就是一群碌碌无为的人。所在的环境对一个人的影响真的很大，如果整个环境是低迷的，消沉的，无所事事的，你想与其不同，就要尽快离开这个环境，因为环境会打压你的热情，消磨你的意志，同化你的思想，最终让你变成同样的人之一。

同样，不好的快乐也有三种。孔子总是擅长用正反两方面的对比来教育大家。

第一种就是"乐骄乐"，把骄傲作为快乐。以骄纵为乐正好和"乐节礼乐"相反，不知节制，只知放纵会使内心更加空虚、盲目。看似快乐的表象之中是礼乐的崩塌和自信的损毁。其实孔子对骄傲一直持反对态度，骄傲使人落后，谦虚使人进步。记得的人很多，执行的人却不多。

第二种是"乐佚游"，把纵情游荡作为快乐，这里可以理解为过度娱乐。对一件事情沉迷无度，骄奢放纵，喜欢吃喝玩乐。孔子认为快乐应该适可而止。各种娱乐方式对于我们的生活来说，是一种调剂方式，但是如果把娱乐当作人生追求而沉迷其中，导致玩物丧志，是不可取的。

最后一种不好的快乐就是"乐宴乐"，把宴饮放纵作为快乐。其实这也是现在的一种普遍现象。比如，下班之后呼朋唤友胡吃海喝一番，再尽兴而归，看着是特别精彩、愉快的人生，但真的快乐吗？朋友之间的聚会无可厚非，但什么都有度，过犹不及。随着生活质量的提高，人们吃的用的都越来越好，而我们总是喜欢晚上聚餐，往往晚餐吃得最多、最丰盛，不知道节制，长此以往，美味佳肴变成了腐肠之药，身形发胖是其次，最可怕的是病魔缠身，这难道就是快乐吗？

现代生活也告诉我们，追求的境界有高尚与低俗之分，追求的结果有得益与受损之别。一个人如果没有高尚的精神追求，就会变得庸俗。在这里，孔子又给我们强调了朋友重要性，朋友不仅是你危难时人生的依靠，还是平常闲暇时快乐的源泉，以

结交益友为乐,人生之路便会无比顺畅。

6.15

【原文】

子夏之门人问交于子张。子张曰:"子夏云何?"

对曰:"子夏曰:'可者与①之,其不可者拒之。'"

子张曰:"异乎吾所闻:君子尊贤而容众,嘉善而矜不能。我之大贤与,于人何所不容?我之不贤与,人将拒我,如之何其拒人也?"

——选自《论语》第十九篇第三章

【注释】

①与:相与、交往。

【大意】

子夏的学生向子张请教怎样交朋友。子张说:"子夏说了什么呢?"子夏的学生回答说:"子夏说:'可以交往的就和他交往,不可以交往的就拒绝他。'"子张说:"这和我所听到得不一样!君子尊敬贤人,也能够容纳一般人,称赞有美德的人,也同情没有修到美德的人。如果我是个贤明的人,对别人有什么不能容纳的呢?如果我不贤明,别人将会拒绝我,我哪里有资格去拒绝别人呢?"

【今思论语】

本章讲述的是孔子的弟子子张与子夏对于交友之道不同的看法。孔子提倡因材施教的教育理念,因而同一个问题,因提问者不同,孔子的回答也不一样,这就导致后世两位弟子在传播孔子的理念时也有所不同。

传统社会讲究"五伦",五伦是指古代中国的五种人伦关系和言行准则,即古人所谓君臣、父子、兄弟、夫妇、朋友五种人伦关系,夫妇、父子、兄弟是"天伦",

君臣是职责，唯朋友一伦比较宽泛，却又很重要，如何交友，大有讲究。

子夏与子张的交友之道是有严宽之别的，这个差别，正是孔子针对子夏与子张性格的差别因材施教产生的。子夏为人太宽厚，容易被人利用，因此先生就劝导他要懂得拒绝，因此子夏得到老师的回复是"可者与之，其不可者拒之"。相对来说，子张对别人有些苛责，因此，孔子教导他为人要宽容，多向贤者学习，要赞美别人的优点，同情别人的弱点。这个世上很多观点都没有绝对的对与错，主要是看其作用对象和时机，唯有像孔子这样做到守中庸、知变通，才能将事情处理得恰到好处。具备容人之度，才能结交真心朋友，成就一番大业。

拓展阅读

高山流水琴三弄，伯牙绝弦人尽知

春秋时期，楚国郢都人俞伯牙非常喜爱音律。俞伯牙年轻的时候聪颖好学，曾拜高人为师，但他总觉得自己还不能出神入化地用音乐表现出对各种事物的感受。伯牙的老师知道他的想法后，就带他乘船到东海的蓬莱岛上，让他欣赏大自然的景色，倾听大海的波涛声。伯牙举目眺望，只见波浪汹涌，浪花激溅；海鸟翻飞，鸣声入耳；山林树木，郁郁葱葱，如入仙境一般。一种奇妙的感觉油然而生，耳边仿佛响起了大自然那和谐动听的音乐。他情不自禁地取琴弹奏，音随意转，把大自然的美妙融入琴声，伯牙体验到一种前所未有的境界。由于时常跟随老师游历在山林江河之间采风，经过多年的历练，伯牙觉得自己已经可以随性地通过音律表达对世间万物的情感，却为没有人能听懂他的琴声而苦恼。

这天正是中秋之夜，一轮满月高高地悬在天上，清风徐徐，江面上泛起了涟漪，伯牙趁着大好的月光，撑起船在江上泛舟欣赏沿岸的夜景。江水腾起的薄雾，将小船隐隐地笼罩在烟波中，伯牙一时兴起，便在船头抚起琴来。忽而将目光投向眼前的龟山，顿时感到心中情怀激荡，似高山群立一般此起彼伏，指下的琴弦也随之拨弄出绵绵之音，这时对岸的龟山上传来一声赞叹，"真妙啊！这琴声就像巍峨的泰山一样，听得人心潮澎湃。"伯牙心喜，竟有人听出了他的琴意。他转眼望着被清风撩动的江水，江面鳞波微动，心中灵念一转，便奏起了如流水般的琴声，又想起这大江的宽广和平日里的滚滚之势，转而又奏出了大江奔流般的音律。"好！这琴声就像我眼前的大江一般，奔腾不息。"伯牙又听见了对岸那人的称赞，满心欢喜地撑起船向岸边靠拢。

龟山脚下，一个樵夫装扮的人正蹲坐在岸边的石礁上看向江面的小船。樵夫原本想着今天秋爽风清，借着月光在山上多砍了几捆柴，正准备在山脚休憩一阵后回家的。忽然听到了远处江面传来的琴声，一时如巍峨的高山，一时如奔流的江川，便不觉地对着江面琴声传出的方向发出了赞叹。这时，已经见小船在岸边停下。

"先生，您竟然能听懂我的琴声，要知道，多年来大家只称赞过我的琴技很好，却从未有人道出过我的琴意。我是伯牙，敢问先生尊姓。"还没等船身停稳，伯牙就激动地起身下船，向樵夫走去。樵夫也慌忙起身，准备向前搀扶伯牙上岸："伯牙先生，我是钟子期。本是这山间的樵夫，砍完柴在岸边休息，却有幸听到了您的琴声，仿佛脚下的龟山都变得高耸巍峨，眼前的江川也在这平静的夜晚奔腾起来一般。能凭一把琴就把山川的意境弹奏出来，先生一定也是胸怀宽广之人。"听到此处，伯牙已经难以抑制内心的激动和欢喜，拉起钟子期的手紧紧握住，"子期，你就是我的知音啊！不仅能听懂我的琴声，还能听出我心中所想，想必你也是胸怀抱负，却怎么屈身在这山野之间呢。"钟子期随伯牙登上船头，二人相谈甚欢，他们一人弹琴一人倾听，每一首曲子弹完钟子期都会做出评价。

在伯牙与子期的畅谈中，天色已不知不觉微亮。子期起身道："伯牙兄，咱们一见如故，因你的琴声而相遇相知，只是不能时常听到你弹奏的乐曲，有些许的可惜。"伯牙也心有憾意："子期兄不必如此，虽然我尚有公务在身，但也可与你约定来年今日在此相会，再续琴意。"原来，在他们畅谈之际，伯牙告诉了子期自己此番来到这里是受晋侯差遣，出使楚国，之后还得归晋复命，算来，再次相见的日子只能约定在一年之后了。

翌年中秋，伯牙再次撑船前来龟山，与子期赴约。伯牙一人独坐在船头上，等了很久，天色还是如去年一样，风清月朗，却没有等来子期。他心想，兴许是子期忘记了约定，只是当时也没能询问子期的住处，苦等于此也不是办法，正要撑船离去之时，见一名老叟朝岸边走来。伯牙想前去找老叟打听一下是否知道子期的住处，没等伯牙起身，老叟便唤道："船上先生可是伯牙？"伯牙诧异，这老叟竟知道我是谁，

"老先生,请问您是?"这时老叟已近身船头了,正要登船,伯牙见状便上前搀扶了一把,将老叟迎上船,二人坐在船舷两侧。

"伯牙先生,我是子期的父亲。我儿已在不久前因病逝去,他在弥留之际曾告诉我,他与伯牙先生有过中秋之约,为了不让你苦等于此,令我儿失约,老朽只好替他前来赴约。"原来这老叟竟是子期的父亲,可子期怎么就突然逝去了呢,听闻至此,伯牙胸中顿时悲伤难抑,放声哭喊:"子期啊!你是这世上唯一听出我的琴意之人,今日本是你我相约之日,竟听闻你已驾鹤仙逝,我再也没有知音了啊!"一声悲怆之后,伯牙看着船头早已摆好的琴,将琴弦一一挑断,又举起琴身猛然摔下,然后向子期的父亲说道:"老先生,我与子期本是知音,他听我抚琴便能知晓我心中所想、琴意所至,现听闻他逝去的消息,我想这世上我便再无知音了,今日伯牙在此立誓,破琴绝弦,终生不再抚琴。"老叟被伯牙对儿子的情谊感动,流下泪来,慨叹道:"伯牙先生,知音虽难觅,但你的琴艺如此高深,若因我儿之死就不再抚琴,恐让天下人再无法听到高山流水之曲啊。"伯牙望向江面的烟波:"老先生,若我所抚之琴无知音可觅,纵然再美妙的乐曲,又有谁人能知呢?"

自此,伯牙与子期的故事便在世间被传扬,人们敬佩二人因琴结缘,相遇相识相知,他们的故事已成为古人交友的典范。

资料来源:https://baijiahao.baidu.com/s?id=1708303934217744701&wfr=spider&for=pc

勇义做人,赤诚相交

"你纵身,那一跃,不为来生,只为挽救另一个生命;你纵身,那一跃,浪起了一朵莲花,那是你最美的心灵;你纵身,那一跃,没有归途,却留下了太多;你纵身,那一跃,遗失了肉身,却换来最高尚的灵魂;点一盏心灯,颂你最高尚的灵魂,英雄一路走好！"

——献给我们的小英雄

2016年8月24日下午1点40分，崔世业和他的母亲骑着电动车一起回家，儿子在前，母亲在后，像往常一样。此时，"救命！救命！"急促的呼喊声从近处传来。原来，一位老人正带着14岁的孙子在河边游玩。小男孩不知何故突然落水，老人急得不行，自己跳入水中去救孩子，但终因年迈体力不支，孩子没救上来，爷孙俩只得大声呼喊救命。恰巧，崔世业和母亲经过，听到喊叫，他刹住电动车，连车钥匙都没拔就往河边跑。母亲在后面连忙向儿子喊道："你先别去，再等个人！"母亲试图劝阻，但崔世业没有半分迟疑，跑到河边，想都没想，就跳下去救人了。崔世业快速向着孩子的方向游去。据村民介绍，此时正值上游水库放水，加上河道刚修整过，水很深、很急，很多地方游起来比平时要费力很多。崔世业支撑着体力一点点把落水的老人和孩子推向岸边。落水的男孩虽然只有14岁，但其体重比崔世业还重上几十斤。崔世业的体力已经到了极限，距离岸边几米的地方，崔世业猛力一推，爷孙俩能够抓住岸边救援的木棍了，这几米的距离却成了崔世业的生死线。他耗尽了力气，慢慢沉入水中……在母亲的视线中与她诀别……

这位阳光俊朗、风华正茂的少年，在花一样的年纪骤然离开，给他的父母亲友，以及素不相识的人们，留下无尽的伤痛和惋惜，也给我们留下一座精神的丰碑。崔世业沉入水底后，村民们立刻自发组织搜救，但5个小时过去了，仍一无所获。十多名水性好的年轻人抓着绳子不断潜入水底搜救，不少村民闻信赶来，希望这个孩子能早点被救上来。

章丘蓝天救援队闻讯赶到，利用先进的设备，经过多次测量，在24日21点终于找到了崔世业的位置。22点50分左右，崔世业被打捞上岸。"胳膊都是绷着的，用劲过度，嘴里和鼻子里都是血，是被水呛的。"一位救援队员说道，"这是把生的希望都留给了别人，把自己的生死置之度外了。"

"今夜，江水静默，古城无眠，22点50分，英雄回家！"24日晚，章丘市民被崔世业英勇救人自己却不幸溺水的消息刷了屏，朋友、亲人、同学得知此事后，纷纷向崔世业表达了敬意和惋惜。

25日，人们纷纷来到崔世业家中慰问，来送他最后一程。有不少好心人向他的家人捐款，一位不愿透露姓名的男子送来 10 000 元。崔世业生前学校的 60 多名师生带着全校人自发募集的钱款，赶到崔世业家里看望他的家人，学校为失去这样一位好学生感到惋惜痛心，但为崔世业这种奋不顾身、舍身救人的精神感到自豪。

2014 年，崔世业进入济南交通技师学院（现济南工程职业技术学院）学习汽修专业，同年成为一名光荣的共青团员。崔世业同学入校后因品行端正，处事公正，被推选为班级的团支书，据其班主任介绍，崔世业同学集体荣誉感强，为人处世能力强，待人真诚，把班里每一个同学都当成自己的亲兄弟，平时谁有难处，他都会第一时间帮忙，全班 40 多个人，都很佩服他。"崔世业在校的这两年我都没怎么操心班级事务。班级获得很多荣誉，与小崔的日常管理有很大关系。"崔世业生前的班主任满眼泪花地说道，"小崔本该今年离校实习，明年就能正式毕业后参加工作了，真是心疼啊！"

心疼他的不只是他的老师，还有他那一群至真至诚的朋友们。"兄弟你去哪了？兄弟你去哪了？不是说好了等我们四个回来的吗……"崔世业的好友哭诉道，连问几个"兄弟你去哪了"，却再也不能得到回应。崔世业的一个发小刚当上兵，但还没入伍，正在北京打工。听到自己好友溺水的消息后，他就要往回赶，跟老板请假请不下来，直接辞职，工资都没要，买了当天的动车票赶回章丘，就是希望能看到奇迹。在崔世业的房间床头，还放着他的一部手机，触动按键，背景就是他跟几个同学的合影。"为人仗义，做事不斤斤计较。在我们几个人里面，他虽然年龄小，但说话最有说服力。"崔世业的同学难过地回忆着。

交友自当交崔世业这种真朋友，能拥有这样的朋友，是每个人一生的骄傲，他人性的光辉永远闪耀在我们心间。生命里的挚友虽然已经化作夜空中的星星，但他仍然照亮着我们人世间，我们知道，他永远在那里，为我们照亮前行的道路。

资料来源：https://www.sohu.com/a/112389679_257321

第七章

工匠精神，修己以敬 ——君子篇

《周易》有云："天行健，君子以自强不息。地势坤，君子以厚德载物。"根据《周易》的理解，所谓君子，在处事方面，应该像上天一样，不断追求进步，刚毅坚卓，发奋图强，不可懒惰成性；在为人方面，应该像大地一样，吸收阳光，滋润万物，增厚美德，与人为善。

宋代文学家苏轼言及君子时说："君子之所取者远，则必有所待；所就者大，则必有所忍"。意为君子之所以能够超脱于一般人成为君子，是因为能够想他人之不及，忍他人之不能忍，敦厚坚毅，所以能够有所成就。唐代诗人孟郊说"君子量不极，胸吞百川流"，则着重强调了君子的海纳百川、气吞山河的胸襟与气度。

"谦谦君子，温润如玉"。君子，是中国人几千年来的理想人格，是修养深厚、品格高尚的象征，因其崇高的人格魅力和温润敦厚的性格操守，令诸多文人墨客"虽不能至，心向往之"。

"君子"这一概念在《论语》中被直接提及一百零七次，在很多章中也都间接被提起。作为一部语录体著作，《论语》并未对君子这一概念进行具体的概括和论述，毕竟"一千个人眼中有一千个哈姆雷特"，因而在不同的历史语境中，君子的内涵和外延也在不断发生变化。在《论语》中，君子这一含义主要体现在具体的日常言行描述中，涉及仁、孝、德、礼、忠、恕、信、义等道德准则，表现在个人道德、家庭道德、社交道德、从政道德、治国道德等方面，也表现在与君子小人的对比评论中。

君子在《论语》中的具体内涵要根据语境确定。君子在《论语》中有时指道德修养良好的人，有时指权高位重的人，有时指从政治国的人等，但更多时候，君子代表是一种道德典范。孔子把人分成五个层次：庸人、士人、君子、贤人、圣人。庸人指的是没有自我追求，内心缺乏信念，喜欢随波逐流，没有自我见解和思想的人。士人指的是有原则、有信念的人。孔子说当时普通的读书人，学问未必深，但有自己的观点和主张；事业未必成功，但做事有条理。士人可以说是普通读书人的一种常态化的代表。至于贤人，则十分少有。孔门弟子三千中仅有七十二贤人。圣人则是指理想化的人物，在现实中是极少见的。

有人开玩笑说，孔子的教学能力有些差，三千弟子中才七十二贤人。那是因为，贤人的标准太高了！

圣人是人们理想中的人物，现实中极少见到。君子则是现实中的人，经过努力就可以做到。所以我们可以这样理解，圣人、贤人为具有理想道德品质的人物，而君子为具有现实道德品质的人物。

《论语》从开篇《学而篇》谈君子好学、为善、正直、自强的"为人"之道，到终篇《尧曰篇》谈君子"尊五美，屏四恶"的"为政"之道，君子之道是统领《论语》思想的主题之一。

中国式现代化是物质文明和精神文明相协调的现代化。物质富足、精神富有是社会主义现代化的根本要求。物质贫乏不是社会主义，精神贫乏也不是社会主义。因此，我们需要不断厚植现代化的物质基础，不断夯实人民幸福生活的物质条件，还要大力发展社会主义先进文化，加强理想信念教育，传承中华文明，促进物质的全面丰富和人的全面发展。

本章主要围绕君子的个人道德、家庭道德、社交道德、从政道德、治国道德等方面，对《论语》中的"君子"形象进行重读、梳理和阐释，汲取《论语》中的优秀文化，传承"君子"精神。希望对子孙人格的塑造和品质的培养起到积极的影响。

经典章句

7.1

【原文】

子曰："君子周①而不比②，小人比而不周。"

——选自《论语》第二篇第十四章

【注释】

①周：团结多数人。

②比：勾结。

【大意】

孔子说:"德行高尚的人以正道广泛交友但不互相勾结,品格低下的人互相勾结却不顾道义。"

【今思论语】

朱熹在《四书集注》中注道:"周,普遍也。比,偏党也。""周""比"两字都有与人亲厚团结的意思,但二者又不完全相同。"周"是为了公,"比"是为了私。君子办事与人团结在一起,是出于公心,而不是为私。小人办事与人团结在一起是为了拉帮结派、营私舞弊。这就是君子与小人突出的区别之一。

君子慎独,君子之交淡如水,不会为了一己私欲结党营私,营私舞弊。君子欣赏、钦佩、仰慕贤能之士,并且十分乐于与这样的人交朋友。如果自己身处高位,那么君子一定会毫不犹豫地为了江山社稷提携贤才,任用贤士。但小人恰恰与之相反,小人表面上能够与大多数人融洽相处,前提是这些人都与自己有利益瓜葛,所以能够相互勾结,维持表面的和睦。小人办事,汲汲于名利,而不为公。小人妒能,不允许有超越自己的人存在,一旦有比自己强的人存在,往往打压陷害,使其无出头之日。小人闲暇无事时,心中所想的都是个人利益,也是有私无公,为了趋近利益而与人狼狈为奸、结为党羽,一旦利益分配不均,"结盟"就会解散,甚至互相落井下石。

人处在社会之中,难免会有群体合作的时候。如何合作,君子与小人之道各有不同。浪漫主义诗人屈原在《涉江》中讲道:"与天地兮比寿,与日月兮齐光";我国诗圣杜甫在《茅屋为秋风所破歌》中提及"安得广厦千万间,大庇天下寒士俱欢颜"。"腹中有青天,常有渡人船",表明人应该心胸开阔,常有渡人之心。俗语说:"利不可赚尽,福不可享尽,势不可用尽",人的一生,如茫茫大海,亦如山河万里。你会遇到狂风暴雨,历经起落浮沉,亦会陷入万丈迷津,不知所措,无可奈何。在风雨人生路上,要内心强大,拉自己一把,也要拥有慈悲的力量,拉别人一把。渡人,是心中有光,既照亮别人,也温暖自己。渡人,要懂得欣赏别人,给别人撑一把伞,渡别人,也是渡自己。

7.2

【原文】

子曰:"君子之于天下也,无适①也,无莫②也,义③之与比④。"

——选自《论语》第四篇第十章

【注释】

①适(dí):意为专主、依从。
②莫:不肯。无适无莫,指做事不固执。
③义:适宜、妥当。
④比:亲近、相近。

【大意】

孔子说:"君子对于天下的事,没有规定一定要怎样做,也没有规定一定不要怎样做,而只考虑怎样做才合适、恰当,就行了。"

【今思论语】

对于治国平天下,君子认为没有规定非要这样做或一定不要这样做。所谓标准,就是要遵从按照"义"的要求来做。"义"的繁体字是"義"。《说文解字》中写道,"己之威儀也,从我从羊",这是一我一羊的会意字。再说"我",古文字是斧钺类的兵器。《尚书·牧誓》中记载:"周武王杖黄钺:统领诸侯,讨伐殷纣王"是表现己之威仪的最好例证。在"我"字上加一"羊"字,"义"的意思就是指为正义而战是美好的、高尚的。

对于"义"字的本义,在《中庸》第二十章记载,"义者,宜也"。所谓的"义",就是适宜、合适、合情合理。将"义"结合现实意义去解读,我们对待天地自然、社会人生、万物苍生,其实皆该以"义"为标准,这样才能和谐共生、融洽和睦,才能衍生出正义、道义、情义等概念。当"义"与"仁"并列时，就产生了"仁义"，这也就是我们中国人，尤其是君子"修身齐家治国平天下"的标准与要求。

天下之事，本就没有固定的解决方法，重点在于如何面对。这对普罗大众来说，无疑是一种激励自我、奋勇向前的意识，想去做的时候，尽管鼓足勇气，用尽全力，努力去做。但也要遵守"义"这一准则，凡事量力而行。

7.3

【原文】

子曰："君子喻①于义，小人喻于利。"

——选自《论语》第四篇第十六章

【注释】

①喻：通晓，明白。

【大意】

孔子说："君子懂得大义，小人只懂得小利。"

【今思论语】

本文主要从义和利的角度来区分君子与小人。小人追求的是个人利益，蝇头小利；君子亦会追求个人利益，但会先考虑所得是否合于义，并以义为原则来规范自己的行为，这种义利观在中国历史上产生了影响深远。

孟子曰："鸡鸣而起，孳孳为善者，舜之徒也；鸡鸣而起，孳孳为利者，跖之徒也。欲知舜与跖之分，无他，利与善之间也。"这段话的大意是，孟子认为，鸡叫就起来，孜孜不倦行善的，是舜一类人；鸡叫就起来，趋之若鹜求利的，是跖一类的人。要知道舜和跖的区别就在利和善之间。这段话反映的其实就是孔子在本文中提及的义利

观。君子走投无路时，仍然坚持义的原则；换成小人，则会选择维护自身的利益。

7.4

【原文】

子曰："君子欲讷①于言而敏于行。"

——选自《论语》第四篇第二十四章

【注释】

①讷：说话迟钝。

【大意】

孔子说："君子说话应该谨慎，而行动要敏捷。"

【今思论语】

本文言简意赅，一语道破了为人处事的原则，即少说话多做事。在春秋时期，这句话就已成了当时智者行事的重要法宝之一，时至今日，依然是人们为人处世的重要准则之一。"讷于言"包括两层含义。首先，提醒我们少说话。当然，少说并不等于不说，人处在社会之中，都是需要社交的，如果一个正常人整天不说一句话，那就有点儿不正常了。但是，话说多了也不行，正所谓言多必失，祸从口出，我们每天面对形形色色的人，如果言语不谨慎，很容易得罪人而不自知。其次，我们要少说空话和大话。因为说空话毫无意义，而说大话，也许初期会满足你的虚荣心，让你享受到别人羡慕的目光，而事实一旦被揭穿，最终只能使自己沦为别人的笑柄。孔子一向反对多言，并且一再告诫弟子们应当少说话。

"少说话"对于大家来说，尤其是对一些刚刚入职的年轻人来说，更是一条好好生存的原则。不该说的话就不要说，想说的话也要经过仔细地斟酌后再说，这才是比较妥当的。因为初出茅庐的新人对于职场中的事还一知半解，此时再掺杂上人情世故，更是难上加难。所以初入职场，最好还是沉默一点的好。

孔子不仅强调"讷于言"，更强调"敏于行"。因此，少说话，勤观察，厘清头绪；重实践，多做事，识得轻重缓急，才是正确的。只有知道哪些该做，哪些不该做，才能兴利除弊，造福社会；只有知道先做什么，后做什么，才能提高自己的办事效率。

7.5

【原文】

子谓子产①："有君子之道四焉：其行己也恭，其事上也敬，其养民也惠，其使民也义。"

——选自《论语》第五篇第十六章

【注释】

①子产：姓公孙，名侨，字子产，郑国大夫。做过正卿，是郑穆公的孙子，春秋时期郑国贤相。

【大意】

孔子评论子产说："他有四种行为符合君子的标准：他行为庄重，他侍奉国君很恭敬，他对百姓施以恩惠，他使唤百姓合乎情理。"

【今思论语】

从本章中，我们不难看出孔子对子产的评价很高，认为他有四个方面符合君子的特征。子产身居高位，上对国君恭敬有礼，下对黎民惠泽万千，是一个很有君子之德的政治家，并将其美德总结为行己恭、事上敬、予民惠、使民义等四项。注意，在本文中，君子特指有地位的执政者。君子四德，是儒家对领导者提出的要求。同时，对每个人在职场和生活中的言行也具有极大的借鉴意义。

首先,"行己恭"。作为领导者,应该尽量发挥自己的人格魅力。这是对自身品行操守的要求,也是一种良好的自我修养的方式。"其身正,不令而行",作为领导,应当时刻注意自己的言行,给下属做好榜样,正所谓"己不正,焉能正人"?

其次,"事上敬"。也就是说,在对待上级时,应当表现出足够的恭敬。对于领导提出的正确观点,我们应当拥护它;对于那些不正确的观点,我们应当委婉地向上级提出自己的思路和意见,切忌当面顶撞。因此,"事上敬"可以帮助大家处理好自身与上级的关系,也是为人处世的小窍门。

再次,"予民惠"。对于优秀的领导者而言,应当时时以人为本。例如,刘备织席贩履出身,之所以能够成为三分天下的主角之一,是因为他能够做到"惠民"。凡是刘备做过地方官的州郡,百姓都能过上安定、幸福的生活。所以,当刘备遭难时,大多数人对他不离不弃,也正是在他们的支持下,刘备才成就一番大业。

最后,"使民义"。这与孔子提到的"使民以时"意思相近。好的领导应该懂得人尽其才、物尽其用,懂得合理调用下属,最大限度地发挥下属的能力。若有人只知道用强或者采取一些不合理的手段迫使下属做自己不情愿或超出他们能力范围的事情,都不是明智之举,很可能会适得其反。

7.6

【原文】

子曰:"质胜文则野,文胜质则史。文质彬彬①,然后君子。"

——选自《论语》第六篇第十八章

【注释】

①文质彬彬(bīn):文采和实质配合适当,形容气质温文尔雅。

【大意】

孔子说:"一个人若质朴多于文采就难免显得粗俗,文采超过质朴,又难免流于虚浮,只有文采和质朴完美地结合在一起,才称得上君子。"

【今思论语】

余英时在《儒家"君子"的理想》中提到,君子的修养分为两个部分,一部分是学习"诗书六艺文";另一部分是躬行实践。"文"字含义较广,大致相当于今天所说的"文化教养",在当时即所谓"礼乐",但其中也包括了学习诗书六艺之文。"质"则指人的朴实本性。如果人依其朴实的本性而行,虽然也很好,但缺乏文化教养终究会流于"粗野"。相反地,如果一个人的文化雕琢掩盖了其朴实的本性,那又会流于浮华。在本章中,孔子分析了文与质的关系,二者既对立又互补,二者缺一不可。

对于一个人来说,既要有后天习得的文饰,来丰富自己的思想内涵,也要保持自己内心的质朴,二者需要一种平衡。否则只拥有未经加工的质朴则容易显得粗野;只拥有华丽可观的文饰则容易显得浮躁。

质朴与文采之间是内容与形式的关系,人只有文、质双修,才能成为合格的君子。孔子的文质思想经过两千多年的历史实践,逐步成为中国人眼中"君子"形象最为鲜明的写照,即谦谦君子既要腹有诗书气自华,也要心地纯真。

7.7

【原文】

子曰:"君子道①者三,我无能焉:仁者不忧②,知者不惑③,勇者不惧④。"
子贡曰:"夫子自道也。"

——选自《论语》第十四篇第二十八章

【注释】

①道：描述。

②仁者不忧：仁者悲天悯人，常能先天下之忧而忧，所以再也不会因个人的境遇而忧愁，不会因环境而动摇。

③知者不惑：智者明道达义，不为外界事物所迷惑，心中不会迷乱。知，同"智"。

④勇者不惧：有胆量的人无所畏惧。

【大意】

孔子说："君子之道有三个方面，我都没能做到：仁德的人不忧愁，智慧的人不迷惑，勇敢的人不惧怕。"子贡说道："这正是老师对自己的描述。"

【今思论语】

在本文中，孔子提出了将仁、智、勇作为君子的标准，这也是中国传统文化的核心思想之一。孔子虽被尊为至圣先师、天之木铎，却谦虚地说自己没有做到这三点。

"仁者不忧"指的是一个人如果拥有仁义的胸襟，内心无比仁厚、宽和，那么他可以忽略很多细节不计较。只有这样的人，才能真正做到内心安静、坦然而不整天忧愁，郁郁寡欢。

"知者不惑"指的是一个拥有智慧的人面对形形色色的诱惑，能够不忘初心，始终在自己的路上阔步向前。尤其是当今社会，更新换代如此之快，科技进步，社会飞速发展，我们每天从互联网上得到的信息数不胜数，可以说，我们的痛苦并非没有选择，而是选择余地太大。这是一个信息繁荣的时代带来的迷惑，我们无法左右外面的世界，只有让内心的选择和坚守更加坚定，才能明白该如何取舍，也就没有烦恼了。

"勇者不惧"用通俗的话来说便是"两者相遇勇者胜"。当内心足够勇敢、足够开阔时，你就有了一种勇往直前的力量，面对困难和挑战，自然就不再害怕了。泰戈尔曾经说过："危险、怀疑和否定之海，围绕着人们小小的岛屿，而信念则鞭策人，使人勇敢面对未知的前途。"一个人如果能真正做到勇敢、坚定，便会无所畏惧、所向无敌。

7.8

【原文】

　　孔子曰："君子有九思：视思明，听思聪，色思温，貌思恭，言思忠，事思敬，疑思问，忿思难①，见得思义。"

——选自《论语》第十六篇第十章

【注释】

　　①难（nàn）：灾难、后患。

【大意】

　　孔子说："君子有九种思考：看的时候要思考看明白了没有，听的时候要思考听清楚了没有，待人接物时，要想想脸色是否温和，样貌是否恭敬，说话时要想想是否忠实，做事时要想想是否严肃认真，有疑难时要想着询问，发怒时要想想可能产生的后患，看见可得的要想想是否合乎义理。"

【今思论语】

　　在文章中，孔子从九个方面论述了如何提高君子个人修养的问题，称为"君子九思"，这"九思"中包含了君子从内在思想到外在表现需要注意的几个方面，如思考、求知、待人接物等无所不包。九思也可以理解为九戒，即从九个方面约束自己。

　　"视思明，听思聪"是从获取信息方面说的。一个人无论要做什么事，获取信息均为前提。普通人获取信息的方式有两种，一种是直接实践，即通过亲身经历，获取第一手信息；另一种是间接方式，即把别人已经掌握的信息拿过来为己所用。无论采用哪种方式，我们在接收信息时均要秉持谨慎的态度，考虑周全，合理辨析。

　　"色思温，貌思恭"是从人际交往方面说的。我们处在纷繁复杂的社会中，经常需要与人沟通。拥有良好人际关系的人往往能够事半功倍。每个人的能力都是有限的，没有人能不依靠别人的帮助完成所有的事情。另外，个人所掌握的资源也是有限的，而有限的资源制约了人们的生产活动。鉴于此，如果能够获得他人的帮助，获得成功的概率会加大。而获得别人的帮助与支持，必须以好的人际关系为先导。要想做到这一点，最重要的是与人交往时有良好的态度，具体表现出来就是神情温和、仪态恭敬。温和、恭敬的态度会让别人如沐春风，觉得自己受到了尊重，就能在无形中拉近双方的关系。

"言思忠，事思敬"是从为人处世方面说的。对于言，要重承诺，言出必行；对于行，要恭恭敬敬、谨慎踏实。只有这样，在工作或者打交道的时候，别人才会觉得你做事踏实可靠，值得信赖。

"疑思问，忿思难"是从解决问题的态度方面说的。无论遇到什么困难，都要保持冷静。考虑妥当，审时度势，要把后果想清楚。一旦做了冲动的事，往往会懊悔，但为时晚矣。

"见得思义"说的是价值观问题。所谓"君子爱财，取之有道，"做任何事情之前都要先思考是否符合"义"的标准，也就是是否合理。

7.9

【原文】

子夏曰："君子有三变：望之俨然①，即②之也温，听其言也厉。"

——选自《论语》第十九篇第九章

【注释】

①俨然：庄严的样子。

②即：接近。

【大意】

子夏说:"君子会使人感到有三种变化:远远望去庄严可畏,接近他时却温和可亲,听他说话则严厉不苟。"

【今思论语】

本文主要谈到的是君子外在表现的三种变化。子夏表示,君子有三变,但万变不离其宗,一切外在都是内在的表现,只要内心修养做好了,外在就不会出差错,所以说来说去,重点还是在内在修养。

"望之俨然"指的是君子的举止要庄重,这是从仪容、仪表方面来说的。在与他人的初步交往中,我们最先获取的有关对方的信息,就是外在的仪容、仪表。第一印象是很重要的,虽然识人不能只看外表,内心更重要,但是不可否认的是,第一印象往往对人们的后期交往有着很大的影响。这并非要求每个人必须有倾国倾城的外貌,而是让人在举止上下功夫。因为举止稳重、端庄,不轻浮是对外在表现的最基本要求。一个举止庄重的人容易给人形成一种稳重可靠的印象,这样的人更容易赢得他人的信赖,让人觉得"凡事交给他准没错"。而对一个举止轻浮的人,人们更容易做出此人难当大任的评价。因此,要求自己"俨然",也是对别人的尊重,这样也能为自己赢得尊重。

"即之也温"是从进一步交往上说的。当与别人进一步交往时,我们如果一直保持庄重、严肃就有点儿不合适了,这样会显得高冷,给人一种不容易接近的感觉。所以应该对人亲切温和。这样不仅展示出对他人的友好态度,也有利于双方友好坦率地进行沟通与交流。

"听其言也厉"是从言谈上说的,这里并非指说话声色俱厉,咄咄逼人,而是言谈准确、严谨,有自己的原则和底线。君子讲究言必信,行必果。因此,说话应该谨慎,不该说的话绝不说,办不到的事也不承诺;一旦说出来了,肯定是经过深思熟虑的,并且还要说到做到。

7.10

【原文】

子张问于孔子曰:"何如斯可以从政矣?"

子曰:"尊五美,屏①四恶,斯可以从政矣。"

子张曰:"何谓五美?"

子曰:"君子惠而不费,劳而不怨,欲而不贪,泰②而不骄,威而不猛。"

子张曰:"何谓惠而不费?"

子曰:"因民之所利而利之,斯不亦惠而不费乎?择可劳而劳之,又谁怨?欲仁而得仁,又焉贪?君子无众寡,无小大,无敢慢,斯不亦泰而不骄乎?君子正其衣冠,尊其瞻视,俨然人望而畏之,斯不亦威而不猛乎?"

子张曰:"何谓四恶?"

子曰:"不教而杀谓之虐;不戒视成谓之暴;慢令致期谓之贼;犹之与人③也,出纳④之吝谓之有司⑤。"

——选自《论语》第二十篇第二章

【注释】

①屏(bǐng):通"摒",除去。

②泰:安宁。

③犹之与人:犹之,同样的意思。与,给予。犹之与人,同样是给人。

④出纳:出和纳两个相反的意义连用,其中"纳"的意义虚化,只有保留"出"的意义。

⑤有司:古代管事者之称,职务卑微。

【大意】

子张向孔子问道:"怎样才可以治理政事呢?"

孔子说:"推崇五种美德,摒弃四种恶政,这样就可以处理政事了。"

子张说:"什么是五种美德?"

孔子说:"君子使百姓得到好处却不破费,使百姓劳作却无怨言,有正当的欲望却不贪求,泰然自处却不骄傲,有威仪而不凶猛。"

子张说:"怎样才是使百姓得到好处却不破费呢?"

孔子说:"借人民能够得利的事情而使他们得利,这不就是使百姓得到好处却不破费吗?让百姓做能做、愿做的事,谁又会有怨言呢?追求仁德便得到了仁德,还贪求什么呢?无论人多人少,无论势力大小,君子都不怠慢,这不就是泰然自处却不骄傲吗?君子衣冠整洁、目不斜视、态度庄重,庄严的威仪让人望而生敬畏之情,这不就是庄严有威仪而不凶猛吗?"

子张说:"什么是四种恶政?"

孔子说:"不进行教化就杀戮叫作虐;不加申诫便强求别人做出成绩叫作暴;起先懈怠而又突然限期完成叫作贼;同样是给人财物,出手吝啬叫作小气。"

【今思论语】

本文主要论述了"五美四恶"。孔子的很多弟子都在做官,他们经常向孔子请教为政之道。在这一章,孔子在与子张的对话中,提出了著名的"尊五美,屏四恶",这不仅是为政之道,在日常生活中与人交往,"五美四恶"也值得每个人践行。

谈及"五美",第一,惠而不费。无论在经济上还是在政治上,均要做到"因民之所利而利之",实现国家与百姓双赢,这样更有利于国家的长治久安。第二,劳而不怨。执政者指使百姓去做事时,应该为百姓考虑,能给百姓带来切身利益。第三,欲而不贪。孔子认为,欲望的存在是合理的,但欲望应有度,不可贪得无厌。第四,泰而不骄。这是说对待任何人都要满怀敬意,不能把人分成三六九等,既不能曲意逢迎,也不可盛气凌人。第五,威而不猛。执政者一定要立威,但不可使用暴行,自己行为端正,威仪就会产生。

除此以外,还要摒弃四种恶政。第一,不教而杀。不能使用暴行,肆意滥杀。第二,不戒视成。若要成功,需要事先进行周密计划与妥善安排,如果事先什么都不讲,事后却要求出成绩,这种行为是非常不合理的。第三,慢令致期。下达任何命令都要给人留有缓冲的时间,不可突然宣布。第四,与人,出纳之吝。这句话的意思就是答应给人某件东西,到给的时候又舍不得了。这同时告诉我们做人要一言九鼎,讲究诚信,否则只会给人留下目光短浅、贪私而又吝啬的印象。

拓展阅读

古代名人故事

窃符救赵——信陵君篇

三千门客寻香至,义救邻邦胆气冲。
仁侠赢来雄士聚,皓风长在笑谈中。

汉高祖刘邦称帝后,每次路过大梁,都会去祭拜一个人。他甚至还特意安排了五户人家为此人看守陵墓,并让他们四时祭祀。此人究竟是谁,又有什么值得一代帝王为他费心费力的?

他就是这个故事的主人公,生逢乱世的翩翩公子——魏无忌。魏无忌是魏昭王的小儿子。因其被封于信陵,后世皆称"信陵君",还把他和春申君黄歇、孟尝君田文、平原君赵胜并称"战国四君子"。

战国时代,群雄割据,战乱频发。各国贵族往往招徕、供养一些身怀一技之长的"士"作为储备人才,让他们在关键时刻为国效力。魏无忌也不例外,号称拥有门客三千。不过他"养士"的方法和别人不同,并不关注士人的出身和地位,而是看重他们的真实才干。有人说,正是因为信陵君知人善任,才把秦国统一六国之事推迟了二十年。

魏国有位隐士名叫侯嬴,已年过七十,在都城大梁的东门做着不起眼的看门小吏。魏无忌听说此人谋略过人,立刻前去拜访,还随身带着一份厚礼以示诚意。谁知侯嬴不肯接受礼物,魏无忌也没说什么。回府后,魏无忌大摆酒席款待宾客。等众人来齐之后，魏无忌亲自驾着车马，到东门迎接侯嬴。侯嬴没有推辞，登上马车后，对魏无忌说："我有点急事要去见一个朋友，他叫朱亥，就住在集市的屠宰场，能麻烦您驾车送我过去吗？"魏无忌笑着答应了。来到集市，侯嬴下车去见朱亥，和他东拉西扯了很长时间。眼看太阳西沉，魏无忌的随从都有点儿着急了，府里的王公贵族都在盼着公子回去，侯嬴实在过分，竟然让公子等他一个看门小吏！但魏无忌还是坐在车上，没有一丝不悦之色。过了很久，侯嬴才告别朱亥，回到车上。回府后，魏无忌请侯嬴坐到上席，向全体宾客恭敬地介绍了他。不仅如此，还举杯向侯嬴敬酒，满堂宾客无不惊奇诧异。侯嬴对魏无忌说："今天我是故意为难公子的。我不过是个看门人，公子能亲自驾车迎接我，已经是我的荣幸了。按理说，我不该再去拜访朋友，我这样做是想成全公子的名声。如今，大家都知道公子礼贤下士、品德高尚了！"宴会散后，侯嬴就成了魏无忌的门客。

然而好景不长，秦国大军围住了赵国都城邯郸，形势危急。赵国的平原君赵胜多次派人送信给魏王请求救援，但是魏王担心引火烧身，推三阻四，就是不愿出兵。魏无忌在一旁劝谏魏王道："魏赵两国唇齿相依，一旦赵国亡了，魏国被灭不过是早晚的事情。"听到这话，魏王才勉强同意派将军晋鄙带兵十万前去支援。不过，魏军行至边境，就不再前进了。

赵胜是魏无忌的姐夫。他听到消息，急忙派人送信给魏无忌，责备他说："无忌啊无忌，枉我对你如此敬佩。赵国现在形势紧迫，你姐姐如今身在赵国，也整日担心邯郸城的安危，常常以泪洗面。你品性高洁，即便看不上我赵胜，不愿相助，难道也不肯怜惜你的姐姐吗？"魏无忌读完信，心想：赵国灭亡，魏国势不能独存，兹事体大，自己断不可袖手旁观。可是魏王害怕秦国，始终不肯听从他的主张。魏无忌几次前往王宫进谏，都无功而返。

万般无奈之下，魏无忌招来门客，对他们说："大王不愿意出兵，可让我站在一旁看着赵国灭亡，于情于理，我都做不到。我打算前往赵国救援，愿与我同行的，且随我去，不愿的，也不强求。"门客们纷纷响应，都表示愿意随他出征。大队人马经过东门时，魏无忌见到了侯嬴，就把自己的想法告诉了他。

谁知侯嬴只是淡淡地说道："公子保重啊，我年纪大了，就不一同前去了。"魏无忌知道此去凶多吉少，满心以为侯嬴能提出什么好法子，没想到他只有这么一句话，真是大为失望。行在路上，他越想越奇怪，喃喃说道："我对待侯嬴可以算很周到了。如今我就要赴死，他竟无一言半语为我谋划，也不阻我前行。这是怎么回事？"侯嬴当然不是忘恩负义之人，肯定有什么隐情，这样想着，魏无忌又乘车返回。侯嬴正站在原地，见公子回来，他鞠了一躬，笑道："我知道公子定会回来，所以在此等候。"魏无忌正要问他，侯嬴又接着说："恕臣直言，公子迎战秦军，就好比拿鸡蛋往石头上磕，实属下策！"魏无忌一听，便问他有何妙计。

侯嬴摇头道："谈不上有什么好计谋，只是赵国情况危急，容不得犹豫。将军晋鄙早已率军十万，前往支援，只是大王迫于强秦压力不愿下令进军。如今，只有盗出兵符，夺了军权，公子才能救赵国。"魏无忌思虑片刻，问道："那兵符要如何盗出？"

"我听闻兵符就放在大王的卧室里。"侯嬴看了一眼公子，继续说道："如姬深得魏王宠爱，只要她愿意帮忙，就可以成功的。当年如姬的父亲被人杀害，她求了大王整整三年都没能如愿报仇，还是公子派门客替她斩杀了仇人。如姬是懂得报恩的人，只是苦于没有机会。若是公子开口请她帮忙，她必定会答应。待她取出兵符，再夺了晋鄙的军权，抗秦救赵方可成功。"听了侯嬴一席话，魏无忌如梦初醒。他激动地向侯嬴拜了两拜，连忙回府派亲信入宫求见如姬。

不出侯嬴所料，如姬果然盗出了兵符。

拿到了兵符，侯嬴又对魏无忌说："将军晋鄙忠心耿耿，就算公子手握兵符，他也不会轻易把兵权交给您。就让朱亥随您去吧。如果晋鄙顺从公子，那是再好不过了；要是他推三阻四，就让朱亥对付他。"魏无忌于是带着朱亥来到魏军大营。

见到晋鄙，魏无忌拿出兵符，假装奉了魏王的命令，说："将军带兵作战，着实辛苦，大王特让我来接替你的军务。"

但熟知魏王秉性的晋鄙对此很是怀疑，他对魏无忌说："我奉命率十万大军驻扎边境。移交兵权，事关国家命运，请公子恕臣先奏请魏王，方敢交接。""晋鄙是一员猛将，可惜……"魏无忌心中哀悯，却还是下了狠心。他对朱亥使了眼色，朱亥意会，迅速从袖中抽出铁锤，一下砸死了晋鄙。

魏无忌顺利接管魏军。他随即下令："父子都在军中的，父亲回家；兄弟同在军中的，长兄回家；没有兄弟的独生子，也可以回家奉养双亲。"经过挑选，得精兵八万。魏无忌率大军奔赴战场,最后秦军退走,邯郸得救。有人说,信陵君盗符杀将之举,着实不光彩。但不可否认的是,他的举动保住了赵国,也维护了魏国的利益。他将个人生死置之度外,把国家大义放在心头,这样的人,又怎能不让人钦佩?就连李白也曾写诗赞道:"大梁贵公子,气盖苍梧云。若无三千客,谁道信陵君。救赵复存魏,英威天下闻。"

以友辅仁,信陵君通过结交的朋友帮助自己培养仁德,急人之难,为国尽力。他是王族子弟,却从不自认为高人一等,而且礼贤下士,门客三千,足以证明他是一个极富人格魅力的人。因为他,赵国得以保全;因为他,战国的历史变得异常精彩。

资料来源:https://www.sohu.com/a/538897969_121123792

扎根职教领域的执着追梦者
——2022年"全国教书育人楷模"李粉霞

走进山西机电职业技术学院,提到李粉霞,学生们亲切地称她"霞姐",同事则赞许她为"省机数控铁娘子"。

李粉霞是全国高校黄大年式教师团队带头人,山西省劳动模范,山西省首届高职高专双师型优秀教师,被记个人一等功1次,二等功2次。从教二十余载,她恪守为师之责,时刻要求自己要做到为人师表,以强烈的事业心和忘我的敬业精神投入她所热爱的职教事业中,并在这平凡的岗位上永不停歇,执着追求。

我心中永远年轻的"霞姐"——一片爱心换真情

2000年8月,李粉霞走进了当时还是中专的山西省机械工业学校,成了一名新教师。刚进学校,她就被安排当上了班主任,当时职业教育正面临招生困难,对于肯到学校上学的孩子基本上没有分数要求,好几个家长在她面前直言不讳,说自己的孩子无可救药；同时，还有几个孩子嚷着想退学。没有任何管理经验的她，面对一群"熊孩子"，暗暗下定决心，绝不让一个孩子离群，绝不让这群孩子迷失，要让他们重拾信心，找到存在的价值。

于是，李粉霞把大量的时间都留给了她的学生，早上跑步时，走在班级队伍最前面的是她；晚上自习时，坐在教室最后面的是她，她细心观察着学生的一举一动，了解着他们的日常状态，暗暗与学生"斗智斗勇"。

学生刘斌连续几天装病不想上课，李粉霞没有直接戳破他的谎言，而是回到自己的单身宿舍为学生亲手做了一顿病号饭，亲自送到了学生宿舍。刘斌顿时泪流满面，长期以来饱受老师、家长否定的那颗幼小心灵受到深深的震撼，从此再也没有旷过课，如今已成为太原重型机械集团有限公司的一名业务骨干。

铁打的营盘流水的兵，守在班主任的岗位上12年，李粉霞送走了一届届的学生，也送上了一片片的爱心。2012年，作为刚上任的数控工程系党总支书记，李粉霞在早晨查宿舍时，发现有一名学生不愿意起床，从辅导员口中得知该学生不服从管理，家长也无能为力。李粉霞主动把学生叫到自己的办公室，经过推心置腹地聊天，学生向她敞开心扉——父亲在他上高中时车祸身亡，他无法接受这突如其来的打击，变得心灰意冷，行为不受控制。李粉霞没有责备这名学生，而是将他安排到自己的办公室当助理，负责打水、扫地、整理文件，只为多给他一些约束。在办公桌左侧抽屉里有一个"谈心本"，是师生之间交心的地方。直到如今，那个"谈心本"还静静地躺在李粉霞的抽屉里，闲暇时她还会拿出来，静静地回顾一个孩子蜕变的过程。

不知什么时候，"霞姐"这个充满亲情的称呼被学生传了下来。学生心中这位年轻的姐姐，用一位女老师特有的细心和自己特别的方式关爱着每个孩子。李粉霞所带的班级多次被评为学院级优秀班集体，她个人两次被评为省级优秀班主任，三次被评为省级优秀共产党员。

"永不服输的铁娘子"——一股"拼"劲儿强自身

提起数控技术教师团队带头人李粉霞，大家脑海里自然会浮现出当年技能大赛上那个挺着大肚子，依然气定神闲，沉着应战的女教师。那是2004年，学院首次组织学生和教师参加全国数控技能大赛，李粉霞恰逢孕期，可她不想放弃这次实践锻炼的机会，主动请缨，参加培训，备战比赛。白天给学生上课，晚上在实训室练习数控加工技能，查资料、做方案，在机床上实操练习，回参、对刀、输入、加工、测量，若产品不够完美，她再查资料，修改方案。一直工作到很晚，李粉霞才拖着笨重的身体走在回家的路上，身边的同事都为她捏一把汗，李粉霞却非常乐观，还经常笑着说："挺好的，忙起来，就忘记呕吐和各种身体的不适了，这是精神转移法。"靠着自己对专业的执着与热爱，李粉霞一天又一天地坚持，一次又一次完成训练的预期目标。勤奋的人运气通常不会太差，李粉霞最终在省级数控技能比赛上获得了数控铣工职工组第一名的优异成绩，为学院争得了荣誉，"这个女老师的那股子拼劲儿真厉害！"当场，所有参赛选手和裁判都为她竖起了大拇指。回到学校后，全院师生以她为楷模，将她誉为"省机数控铁娘子"。

十年磨一剑，李粉霞连续四次参加数控技能大赛，连续两次代表山西省冲向全国赛场，她从一名普通教师成长为数控工程系主任。李粉霞带头搞专业建设，推进学院2015—2018创新行动计划和优质校建设，带领团队日夜奋战修改方案、整理佐证资料，为学院入选中国特色高水平学校和专业群建设单位立下汗马功劳；她带头搞课改，凭着扎实的教学基本功、新颖的项目化教学模式、口诀式的知识总结，参加省第十三届教师教学基本功竞赛并获得二等奖；她带头搞科研，教学成果获全国职业教育教学成果二等奖，成为学院唯一的二级教授；她带头搞创业，组建大师工作室，解决企业技术难题，服务地方经济发展；她带头搞调研，深入企业，寻求校企合作、探索现代学徒制试点培养模式；她带头搞培训，为区域转型升级技能人才贡献力量，她心有猛虎，在事业上奋发图强，永远干劲十足；她细嗅蔷薇，在工作、生活上给予年轻人悉心指导和细微关怀。李粉霞常对青年教师说："打铁还需自身硬，要想学生半桶水，自己必须先蓄满水，把事情做到极致后，技能自然就培养出来了。在这个基础上，我们才有可能以技服生，才配当教师。"

国家级教学名师、全国机械行业先进制造领域领军人才、省党代会代表、三八红旗手、十大杰出知识女性、三晋技术能手、省优秀指导教练……耀眼的不是这些荣誉的称号，而是李粉霞一颗永远向前向善的心。

"第一个吃螃蟹的人"——一股"闯"劲儿练团队

"问渠那得清如许，为有源头活水来"。李粉霞清醒地认识到：只有创新，团队才有进步的灵魂；只有创新，团队才有不竭的动力，才能保持旺盛的生命力。若关门办学、故步自封、停步不前，只有死路一条。

于是，李粉霞率先寻求校企合作之路，与苏州勤美达精密机械有限公司连续九年开展"工学交替，顶岗实习"人才培养模式，实现了"校企双主体""过程四共同"（共同制定人才培养方案、共同组织实施培养过程、共同进行质量监控、共同安排就业）"效果五共赢"（学校、企业、教师、学生、家长）；率先开展"理实一体化"教学模式改革，提炼并归纳大赛赛项、企业生产项目，开发赛训融合课程；推行"三融合"项目化课程教学改革，建设实境化、企业化、生产化的校内实训工厂，推行现场教学与虚拟仿真相结合、课堂教学与课外活动相结合，知识教学与能力培育相结合的"三结合"教学模式；率先开展"社团传、导师帮、师傅带、大赛练"的传、帮、带、练四级培优工程，实现了"技能为本，立德树人"的价值目标；率先为赞比亚等国的海外学员开展师资培训，承担国培项目；率先成立数控技能大师工作室，邀请淮海集团副总工程师"老匠人"李勇怀、中国运载火箭研究院首席技能专家韩利萍等11位技术精英成为驻校大师，共同培养创新拔尖人才，共同开展技术攻关、实施技术改造；率先在全省开展ABB工业机器人技术专业，申报获批教育部ABB工业机器人技术应用人才培养中心，并挂牌成立ABB工业机器人技能认证中心，确立了全省领先的地位。

没有经验，李粉霞就摸着石头过河。这些举措培养出数控人身上的一股"闯"劲儿，让他们"闯"出了成果，也"闯"出了天地。在李粉霞的带领下，团队成员积极申报课题，获批各类项目百余项，其中：国家级3项，省厅级50余项；与淮海集团技术人员合作对其九轴五联动车铣复合机床进行了后处理开发，为企业每年创益60万；为长治凯诺机械厂进行了钻井设备的逆向设计与多轴加工，为企业节省维修基金10万元；为长治中天汽车半轴有限公司汽车半轴钻模进行开发、设计，被公司聘为技术指导；为繁盛煤机进行龙门式等离子自动堆焊机等10台设备的数控化改造，产品已对外销售200余台套，为企业获益4 000余万元，受到企业的广泛赞誉。另外，李粉霞还组建了学生科研创新团队，培养学生的创新能力，在历年的校园科技文化节中，数控学子的科技作品被学院列入收藏。

正是李粉霞的这份"不安分"，才使她和她的团队拥有了不竭的动力，取得了"全国高校黄大年式教师团队""全国教育系统先进集体""全国职业教育教学创新团队""全国党建工作样板支部""山西省教师教学创新团队""山西省育人杯先进集体""山西省劳模创新工作室"等荣誉。

"一生择一事成一事"——一份责任育匠才

"如果你不小心与清华北大擦肩而过，那么不要迷茫和失望，这里将是你梦想起航的地方。"李粉霞经常用这段话来激励刚刚入学的新生，帮助他们重拾信心，也给自己肩上压了担子，她知道，既然对学生承诺了，就必须让学生在这里找到梦想和希望，那就是以技立身。于是，李粉霞带领团队对现有生源质量进行充分分析，逐步形成了"传、帮、带、练""分梯次、能力递进"的个性化人才培养途径。

"传"就是社团传，充分发挥专业社团作用。一个良好的学风是在不断的实践中形成的，是在学生中流传下来的，数控团队更是注重学生专业素养的传承。团队成立专业社团，新生一入校，就可以加入社团学习，为社团配备经验丰富的专业教师进行指导，定期组织授课。实训室在课余时间全部面向学生开放，形成了一种老带新的良好学习氛围，并使学生提早了解专业知识。

"帮"就是导师帮，精准实施培优工程。在一年级基础知识学习完成之后，团队会根据学生一年的专业基础学习成绩和专业素养进行选拔，利用暑期，组织优秀教师进行强化培优，提前学习专业知识和技能。

"带"就是师傅带，实践岗位提升技能。培优结束，团队会挑选优秀教师，师生结队，一位教师带领一个小组，进行为期一个学期的帮带训练，并实行考核淘汰机制，为参加技能大赛等培养优秀选手。

"练"即大赛练，竞赛场上尽显风采。优秀选手经过分级培养，大幅提升了技能水平，经过严格的备赛训练，从技能和个人心理素质方面对学生进行轮番训练，使他们成为参加各级各类大赛的种子选手。

技能大赛成就职业梦想。李粉霞带着学生积极参加全国各级各类技能竞赛，获全国数控技能大赛突出贡献奖，全国"挑战杯"创新创业大赛一等奖，全国职业院校技能竞赛一等奖5项，二等奖25项，全国个人前10名20人；毕业生中获全国技术能手称号27人，全国冠军12人，全国五一劳动奖章8人，还有10余人被央视《焦点访谈》《中国大能手》等栏目采访。曹彦生、曹彦文两兄弟毕业后师承中国航天二院283厂马景来，他们矢志不渝，为祖国航天事业奉献青春，《焦点访谈》栏目报道了他们的事迹；冀晓渊，参加《中国大能手》节目录制亚军；王伟、王慧两兄弟双双被四川工程物理研究所聘用……

　　优秀的人才吸引了以中国航天一院、二院、三院、五院,中国工程核物理研究院等央企为代表的一批高质量实践教学就业基地的加入,巩固了与中国重汽大同齿轮有限责任公司、太原重型机械集团、清华装备制造有限责任公司、淮海集团、平阳重工等一批省内就业基地的合作；深化了与苏州勤美达有限责任公司、江苏众捷零件制造有限公司等合资企业为代表的一批省外就业基地的合作关系。

　　"一生择一事成一事"是李粉霞的信念,成为职教耕耘者是她无悔的选择。说起这些优秀的学生,她掩不住心里那股"高兴"劲儿,浑身充满了自豪。

　　成绩属于过去,不进则退,无功为过。未来,李粉霞将不忘初心、砥砺前行,扎根职教,奋斗终生！

　　资料来源:https://baijiahao.baidu.com/s?id=1743188479357433937&wfr=spider&for=pc

第八章

国之所需，心之所向
——论贤篇

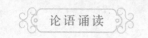

　　中国文化历经五千多年的沧桑，从春秋战国时期的诸子百家到当代的贤能政治，都有"尚贤"一说。钱穆先生在《政学私言》中就曾说过："古今中外的优良政制两大要义在于：一求如何使贤能登进；二使贤能既居高位，又不致滥用权力以假公济私。"可见，尊重贤人、崇尚贤人、推举贤人是一种渊源已久的风尚。

　　《孔子家语》中记载，孔子与子贡曾探讨过"贤者"和"能者"的内涵与区别。子贡问孔子："今之人臣，孰为贤乎？"现在做臣子的，哪一个可以称得上贤明的臣子呢？孔子回答说："齐有鲍叔，郑有子皮，则贤者矣。"齐国有鲍叔牙，郑国有子皮，这两个人可以称得上贤明之人了。子贡听了觉得非常奇怪，因为当时齐国有管仲当宰相，执政能力很强。而郑国有子产，其胸襟与魄力也使得郑国非常兴旺。于是子贡就请教孔子，"齐无管仲，郑无子产？"齐国没有管仲、郑国没有子产吗？他们都不算是贤明的人吗？孔子说："赐，汝徒知其一，不知其二。汝闻用力为贤乎？进贤为贤乎？"你听说是出力的人算是贤明的人呢？还是能够进荐德才兼备的人是贤明的呢？孔子认为，贤者是推荐能者的人，在儒家看来即是"尊贤为大"。

　　尊崇品德高尚的人（尊贤为大），是人生义务的最高表现。贤者之所以被尊重，首先是因为品德修为是值得被尊崇的，其次才是因为他们有能力承担责任。贤者既有使命担当，也有解决问题的能力，因此，被人们尊重、推崇。孟子也曾提出"贤者在位，能者在职"的说法并以此来论述贤与能的关系。

　　人与人之间的关系，随着亲缘关系的密切与否来体现亲疏。人的品德修养有高低之分，过去说"大贤为师，小贤为友，不贤者教之"。遇见真正了不起的贤人，就要拜他为师。过去尧、舜、禹三代圣王，都有尊贤的故事，如"尧让天下于许由"，尧帝出行遇见大隐士许由，许由是大贤，尧就要让天下给他，还要拜他为师。小贤，就是心地善良的人，行为端正的人，那就和他交朋友。对于不贤之人呢？也不要遗弃他，要教化他，让他变得贤德起来。因此，在儒家看来，尊贤也是分等级秩序的，这个等级秩序不是有意划分，而是自然产生的。

　　"尊贤为大"这一观点无论是古代还是当代，都应该形成一股弘扬之风。若没有贤，何谈仁与义呢？谁来为仁义做表率？谁来倡导仁义？这就需要贤能之士来担当起这样的家庭责任和社会表率了。因此，就当今社会而言，尊贤为大、崇尚贤人、以贤人为上、重视人才，仍有其实践与指导意义。回顾中华人民共和国成立以来，尤其是自改革开放以来，我国提出了一系列加强人才工作的政策措施，成功造就了一批批在各个领域发光发热的人才。进入 21 世纪后，党中央、国务院做出了实施人才强国战略的重大决策，使人才强国战略成为我国经济社会发展的一项基本战略，人才发展取得了显著成就。党的二十大报告指出："坚持和发展马克思主义，必须同中华优秀传统文化相结合。只有植根本国、本民族历史文化沃土，马克思主义真理之树才能根深叶茂。"未来十几年，是我国人才事业发展的重要战略机遇期。因此，我们应该进一步增强责任感、使命感和危机感，积极应对日趋激烈的国际人才竞争，主动适应我国经济社会发展需要，坚定不移地走人才强国之路，为祖国的发展贡献出自己的力量。

经典章句

8.1

【原文】

子曰："见贤①思齐②焉，见不贤而内自省③也。"

——选自《论语》第四篇第十七章

【注释】

①贤：贤人，有贤德的人。

②齐：看齐。

③省：反省，检查。

【大意】

孔子说："看见贤人就应该想着向他看齐；看见不贤的人，就要反省自己有没有类似的毛病。"

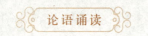

【今思论语】

　　一个人是否优秀,并非取决于这个人做出何种突出贡献与伟大功业,而在于这个人能否战胜自己,能否不断超越自己,鞭策自己不断向上、向善成长,成为更好的自己。要做到这一点,自省是十分重要的。

　　曾子在《论语·为政》篇中提到"三省吾身",孔子在本文中提出了"见贤思齐,见不贤内自省"这一修己之道,进一步强调了自省的重要作用。自省的方法有很多种,如慎独、三省吾身,更多是在强调由内驱使,而孔子提出的方法则是由外向内,避免了独坐枯思的枯燥和无聊,从而使自省变得生动起来。

　　法国哲学家帕斯卡尔在《思想录》中提到:"人只不过是一根芦苇,是自然界最脆弱的东西,但他是一根有思想的芦苇。"人的生命之于茫茫宇宙,渺小而脆弱,但人有了思想,便会在智慧的海洋中更加精进和强大。见贤思齐,是寻找一个进德修身的人生榜样;而见不贤内自省,则是寻找一个反面的典型。以正面形象作为指引,以反面教材作为镜鉴,不失为自我修养的捷径。一个人有过失并不可怕,可怕的是没有改过自新的信念,没有从头再来的勇气,没有奋发向上的坚持。

8.2

【原文】

　　子曰:"贤哉,回也!一箪①食,一瓢饮,在陋巷,人不堪其忧,回也不改其乐。贤哉,回也!"

——选自《论语》第六篇第十一章

【注释】

　　①箪(dān):古代盛饭的竹器。

【大意】

孔子说:"真是个大贤人啊,颜回!用一个竹筐盛饭,只喝一瓢清水,住在简陋的巷子里。别人都忍受不了穷困的忧愁,颜回却能照样快活。真是个大贤人啊,颜回!"

【今思论语】

颜回13岁拜孔子为师,终生事之,是孔子最得意的门生,以德行著称。孔子对颜回的称赞是很多的,在本章中,颜回用简陋的竹器吃饭,用瓢喝清水,还住在十分简陋的房子里,这对普通人来说是忍受不了的,但他仍然能保持内心的快乐。孔子赞许他的淡泊名利、坚守本心,所以称赞他是贤者。

在物质生活如此贫瘠的情况下,仍然能心有所乐、志有所属是非常不容易的,能做到的人少之又少。《红楼梦》中有一首《好了歌》:"世人都晓神仙好,惟有功名忘不了!古今将相在何方?荒冢一堆草没了。世人都晓神仙好,只有金银忘不了!终朝只恨聚无多,及到多时眼闭了。世人都晓神仙好,只有娇妻忘不了!君生日日说恩情,君死又随人去了。世人都晓神仙好,只有儿孙忘不了!痴心父母古来多,孝顺儿孙谁见了?"人活短短一世,功名利禄生不带来,死不带去,但建功立业、发财致富、贪恋妻妾、顾念儿孙仍然是芸芸众生奔波劳碌的重点。颜回则超脱于庸碌的生活之上,在艰苦的环境中开辟属于自己的精神乐园。

苏东坡的《水调歌头》中写道:"人有悲欢离合,月有阴晴圆缺",不圆满是自古以来人类社会乃至宇宙的惯常现象。人在春风得意之时,不喜形于色,低调自守,才不会乐极生悲,陷入灾祸。人在身陷凄风苦雨之时,矢志不渝,不卑不亢,才会守得云开见月明。"不戚戚于贫贱不汲汲于富贵",脚下有路,眼中有光才是我们每个人一生的功课和追求。

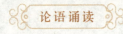

8.3

【原文】

冉有曰:"夫子为①卫君②乎?"子贡曰:"诺,吾将问之。"入曰:"伯夷、叔齐何人也?"曰:"古之贤人也。"曰:"怨乎?"曰:"求仁而得仁,又何怨?"出曰:"夫子不为也。"

——选自《论语》第七篇第十五章

【注释】

①为(wèi):帮助,赞成。

②卫君:卫出公辄。他是卫灵公之孙,太子蒯聩之子。蒯聩由于得罪了卫灵公的夫人南子而逃亡晋国。灵公死,卫出公辄为君。晋国想借把蒯聩送回之机攻打卫国,被卫国抵御,蒯聩也被拒绝归国。这种情势客观上造成蒯聩与辄父子争夺君位的印象,与伯夷、叔齐互相推让君位恰成对比。子贡引以发问,借以试探孔子对卫出公辄的态度。

【大意】

冉有说:"老师会赞成卫国的国君吗?"子贡说:"嗯,我去问问老师吧。"子贡进入孔子房中,问道:"伯夷和叔齐是怎样的人呢?"孔子说:"他们是古代贤人啊。"子贡说:"他们会怨悔吗?"孔子说:"他们追求仁德,便得到了仁德,又怎么会怨悔呢?"子贡走出来,对冉有说:"老师不会赞成卫国国君的。"

【今思论语】

《史记·孔子世家》中记载:"孔子在位听讼,文辞有可与人共者,弗独有也。至于为《春秋》,笔则笔,削则削,子夏之徒不能赞一词。"孔子在编写《春秋》时,暗含褒贬,在行文中虽然不直接阐述对人物和事件的看法,但是通过细节描写,修辞手法的使用和材料的筛选,委婉而微妙地表达了作者主观看法。孔子的这一春秋笔法起到了尽量公正、客观地记录历史的作用。在本章中，这样一种含蓄委婉的方法被子贡运用自如。

"曲径通幽"原指弯曲的小路能通到风景美丽的地方，是艺术上的含蓄。后引申为为人处世的一项技能。中庸是指最高的善，中国人讲究中庸，讲究礼仪之道，所以在与人的日常交往中，话不可说得太满，事不做得太直接，喜欢运用一些较为委婉含蓄的方式，同样可以取得相同甚至更好的效果。很多时候，并不是所有人都会直截了当地把自己内心的想法表达出来。在这种情况下，为了弄清别人的真实想法，我们就需要另辟蹊径，巧妙地解决问题。

冉有是很聪明的，他想打听老师孔子对于卫国之乱的态度，但又不知道该如何开口，于是便找到子贡询问。子贡也没有直接去问，而是比较委婉地问了关于伯夷、叔齐的问题。伯夷、叔齐原是商末孤竹君的两位王子。孤竹君去世前，下令立叔齐为君。孤竹君死后，叔齐让位给伯夷，伯夷不受。叔齐尊天伦，不愿破坏社会规则，也未继位，两兄弟于是先后出国前往周国考察。路途中遇到周武王伐纣，二人扣马谏阻。武王灭商后，他们耻食周粟，采薇而食，饿死于首阳山上。伯夷、叔齐虽落得饿死的结局，但孔子说："求仁而得仁，又何怨？"子贡通过孔子的这番回答，推断出孔子是不会帮助卫君的。子贡的问题看似与冉有所求无关，但是只要仔细分析一下，便可知其中的深意，这就是子贡解决问题的高明之处。

8.4

【原文】

子贡问："师①与商②也孰③贤？"子曰："师也过，商也不及。"曰："然则师愈④与？"子曰："过犹不及。"

——选自《论语》第十一篇第十六章

【注释】

①师：颛孙师（公元前503—？），字子张，春秋末年陈国阳城（今河南省登封市）人，孔子学生，"孔门十贤"之一，此人出身微贱，曾犯下罪过，被孔子教育成"显士"。他好学深思，主张"尊贤容众"，被称为"古之善交者"。

②商：卜商（前507年—？），字子夏，春秋末年晋国温地（今河南省温县）人，一说卫国人，"孔门十哲"之一。

③孰：谁。

④愈：更加。

【大意】

子贡问道："颛孙师（即子张）与卜商（即子夏）谁更优秀？"孔子说："颛孙师有些过分，卜商还差点儿。"子贡说："这么说，颛孙师更强一些吗？"孔子说："过分与差点同样不好。"

【今思论语】

"过犹不及"指做事过分就好比做得不够一样，皆不妥当。用来教育人们做事要恰到好处，体现了儒家思想的一个重要原则，即"中庸之道"。《周易·乾》中讲，"上九，亢龙有悔"。身居高位的人要戒骄，否则很容易因为招人嫉妒、忌恨而遭遇灾祸。宋代著名理学家朱熹注解说："子张才高意广，而好为苟难，故常过于中。子夏笃信谨守，而规模狭隘，故常不及。过和不及，都是差之毫厘，谬以千里。孔子教育学生要践行中庸之道，认为过度与不足同样不好。

8.5

【原文】

仲弓为季氏宰,问政。子曰:"先有司,赦小过,举①贤才。"曰:"焉知贤才而举之?"子曰:"举尔所知。尔所不知,人其舍诸?"

——选自《论语》第十三篇第二章

【注释】

①举:提拔,选拔。

【大意】

仲弓做了季氏的总管,问(孔子)应该怎样管理政事,孔子说:"自己先给下属各部门主管人员做出表率,原谅别人犯的小错误,提拔贤能的人。"仲弓说:"怎样才能知道哪些人是贤能的人,然后提拔他们呢?"孔子说:"提拔你所知道的,至于那些你所不知道的,别人难道会埋没他们吗?"

【今思论语】

首先,为政在人。为政者一定要以身作则,才能上行下效。为政者应该为下面的人做出表率,令众人各司其职,清楚各自的职能和权限,才能事半功倍。其次,选用人才应该适当放权,不要过分计较小的过失,抓大放小,才能取得好的效果。对于做事的人,不可求全责备,更不可动辄失信、怀疑。信任人、鼓励人,既是见识,也是胸襟。最后,选贤与能才是重中之重。所托非人,万事休矣。选贤与能,关键在心量大小。人往往喜欢用自己认可的人,但限于此,心量就小了。能相信别人推举的,才足以广纳贤才。

为了实现一统天下的抱负,东汉末年,曹操曾先后三次下令广求贤才。建安十五年(210年),他在《求贤令》中提出"唯才是举"的选拔人才原则,突破了当时选

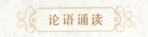

人唯凭家世门第的藩篱。在《短歌行》中，他更是感叹"山不厌高，水不厌深，周公吐哺，天下归心"。曹操"一饭三吐哺，犹恐失天下之士"的真诚使得他身边谋臣似雨、猛将如云。他的"唯才是举"的主张，也值得我们深思和借鉴。

美美与共，天下大同。无论我们是"选贤者"还是"被选者"，都应该培养自己宽宏的气量，长远的眼光，锻炼自己的一身本领，努力实现做一个贤人的追求。

8.6

【原文】

子曰："不逆诈①，不亿②不信，抑亦先觉者，是贤乎！"

——选自《论语》第十四篇第三十一章

【注释】

①逆诈：逆，事先预料。逆诈，事前或者预先怀疑别人欺诈。

②亿：通"臆"，主观臆测。

【大意】

孔子说："不预先怀疑别人欺诈，不凭空臆想别人不诚信，却能先行察觉，这样的才是贤人啊。"

【今思论语】

宇宙万事万物均有其运行规律，为人处世也是如此。在生活中，每个人都应该有预见性，要居安思危，未雨绸缪。只有这样，我们才能在灾难突然降临时不至于手忙脚乱、无所适从。

在本文中，孔子谈到贤人的标准，贤人在人际交往中不去凭空怀疑和臆测，但又有知人之明。多疑和凭空臆测往往是因为自身不明，明白人事规律的人自然心中无所疑，能如明镜一般体察万物，不会为人所蒙蔽。我们不仅要三省吾身，更要从生活中总结规律，形成主见，使内心明净。

8.7

【原文】

子曰："贤者辟①世，其次辟地，其次辟色，其次辟言。"子曰："作者七人矣②。"

——选自《论语》第十四篇第三十七章

【注释】

①辟（bì）：通"避"，逃避。

②七人：伯夷、叔齐、虞仲、夷逸、朱张、柳下惠、鲁少连。

【大意】

孔子说："贤人逃避动荡的社会而隐居，次一等的逃避到另一个地方去，再次一等的逃避别人难看的脸色，更次一等的回避别人难听的话。"孔子又说："这样做的已经有七个人了。"

【今思论语】

在《论语》中，被孔子称为贤人的人一共有七位，分别是伯夷、叔齐、虞仲、夷逸、朱张、柳下惠、鲁少连。贤者或者能约束自己的行为，或者能坚持自己的追求，是超脱于一般人的，有所为有所不为的人。

伯夷、叔齐认为周武王伐商的行为是违背礼的，尽管天下百姓都拥护周武王，认为武王顺应天道，但伯夷、叔齐坚守礼乐制度不能违背的原则，不吃周朝的粮食，最后饿死在首阳山。柳下惠在任鲁国士师时，由于坚持"以直道事人"而三

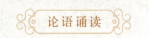

次被黜。他因"坐怀不乱"一事,被人们视为品德高尚的人,是遵守中国传统道德的典范,后来隐遁,成为"逸民"。虞仲、夷逸、朱张、鲁少连这四人已经事迹无考,但在《微子篇》中,孔子提到柳下惠、鲁少连失去了自己的志向,辱没了自己的身份,但言语合乎伦理,所谓行为经过考虑,也就是如此。又讲到虞仲、夷逸,避世隐居,放肆直言,立身清白,弃官合乎权宜。以上七人均是符合辟世、辟地、辟色、辟言的贤者。

人生在世,不可选择的是身外的世界,可选择的是自己的取舍。人总是趋利避害的,但是对于什么是利,什么是害,各人却有各人的见解。即使同是害,程度不同,每个人对待的方法也不同。"辟世"是最为彻底,干脆隐居,与世隔绝。其次是"辟地",此处不行,移居别处。"辟世"和"辟地"这两种选择是完全脱离现行社会制度,向外逃出的方法。而"辟言"和"辟色",则是仍然停留在社会体制内时采用的方法。"道不同不相为谋,志不同不相为友",可以不见讨厌的人,若实在不得已,见面时也可尽量少说话。这些都属于求避,坚持了自我的真性情。

从本文中可以看到,面对残酷的社会现实,在屡屡碰壁的情况下,孔子内心明白而且理解,人生在世如果不得意,其实还可以有别的选择,只是孔子没有选择归隐这条道路罢了。在逆境中遭遇无数挫败后,孔子仍然不灰心、不气馁,坚守自己的信念,走自己的路,不肯轻易言弃,仍然拼尽全力,知其不可而为之,这何尝不是一种大智慧呢!每个人初始进入社会时都是眼中有光的少年,可经历挫折、低谷之后,并非都能坚持自己当初的选择,希望大家用理智和勇气坚持自己所选的路,出走半生,归来仍是少年!

8.8

【原文】

子曰:"臧文仲其窃位①者与?知柳下惠②之贤而不与立③也。"

——选自《论语》第十五篇第十四章

【注释】

①窃位：身居官位但不称职。

②柳下惠：春秋中期鲁国思想家、政治家、教育家，姓展名获，又名禽，他的封地名称是柳下，而"惠"是他的谥号，所以被人们称为柳下惠。

③立（wèi）：同"位"。

【大意】

孔子说："臧文仲大概是一个窃据官位（而不称职）的人吧！他知道柳下惠贤良，却不给他官位。"

【今思论语】

柳下惠曾担任鲁国的士师，即掌管刑罚狱讼之事的长官。当时，鲁国王室衰微，朝政把持在大夫臧文仲等人手中。柳下惠虽然官卑言轻，却生性耿直，坚持己见，数次得罪权贵，最终三次遭到黜免。在本章中，孔子在谈及柳下惠官途不顺时，愤然道："臧文仲其窃位者与！知柳下惠之贤而不与立也。"当时柳下惠官场失意，却因自身才华、品行而名满天下，各国诸侯都来争相聘用，却被他一一回绝。众人不解，问其故，柳下惠答道："直道而事人，焉往而不三黜？枉道而事人，何必去父母之邦？"在柳下惠看来，即使他品德高尚，正直做事，也可能会面临像现在在鲁国被排挤这样的境遇。如果改变自己，以歪曲的心思，恶劣的手段来取得地位、荣耀，又何必离开自己父母所在之国呢？在《论语》中，孔子多次提到柳下惠，将他作为值得效仿、推崇的贤者之一。正是因为柳下惠坚持自己的正道，以正道立身处世，能够忍受功名利禄的诱惑，才被孔子推崇，受世人敬仰至今。

在本文中，孔子在评价臧文仲时用了"窃位"一词。何为"窃位"？即知贤而不立。如果自身愚钝，无识人之明，那只是缺乏智慧。但明知对方是贤才却故意埋没，则是德不配位。"窃位"的根源是个人的私心，而私心人人皆有，本来无可厚非，但如果将自己的私心建立在损害他人利益的基础之上，必然会引起纠纷、矛盾，纵使自身得利，也会为人所不齿。

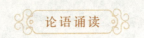

8.9

【原文】

叔孙武叔①语大夫于朝曰:"子贡贤于仲尼。"子服景伯②以告子贡。子贡曰:"譬之宫墙,赐之墙也及肩,窥见室家之好。夫子之墙数仞,不得其门而入,不见宗庙之美、百官③之富。得其门者或寡矣。夫子之云,不亦宜乎!"

——选自《论语》第十九篇第二十三章

【注释】

①叔孙武叔:鲁国大夫,名州仇,"武"是他的谥号。

②子服景伯:名何,鲁国的大夫。

③官:通"馆",这里指房舍。

【大意】

叔孙武叔在朝廷上对大夫们说:"子贡比仲尼更强些。"子服景伯把这话告诉了子贡。子贡说:"就用围墙做比喻吧,我家围墙只有齐肩高,从墙外可以看到里面房屋的美好。我老师的围墙有几仞高,找不到大门走进去,就看不见里面宗庙的雄美、房屋的富丽。能够找到大门的人或许太少了。叔孙武叔先生那样说,不也是很自然的吗?"

【今思论语】

中国有句谚语叫作"真佛只说家常话"。这是什么意思呢?也就是真正的大家能够把高深的理论诠释得通俗易懂,寻常百姓也能听得明白。恰恰相反,越是自己揣着糊涂当明白的人,越容易把简单的知识吹嘘得云里雾里,其实自己也是一知半解,讲不明白。

其实对于美好的事物,芸芸众生均有共通之处,没有高低贵贱、三六九等之分。

如这山间的清风明月、浩瀚江河、丝竹之声、潺潺流水，人人皆爱，就连鸟兽也喜欢在这种风光旖旎之处活动、休憩。所以说，大道至简，越是美好的事物，越是高深的道理，越有其至真至纯、简单可爱的一面。

孔子的思想亦是如此，平凡而伟大，看似说出的都是平常的话，内涵却极其丰富，闪耀着真理的光辉。《论语》通篇皆是语录体，简朴纯真，却流传至今，让人仍然神往，不无道理。孔子的弟子入孔子门下，无不服膺，都努力将儒家发扬光大。而那些不得其门而入的人，大概就会像叔孙武叔那样口出不察之言了。

8.10

【原文】

叔孙武叔毁仲尼。子贡曰："无以为也！仲尼不可毁也。他人之贤者，丘陵也，犹可逾也；仲尼，日月也，无得而逾①焉。人虽欲自绝，其何伤于日月乎？多见其不知量也。"

——选自《论语》第十九篇第二十四章

【注释】

①逾：超过。

【大意】

叔孙武叔诋毁仲尼。子贡说："不要这样做！仲尼是不可诋毁的。别人的贤能，好比丘陵，还可以逾越；仲尼，就好比是日月，是无法逾越的。一个人即使想自绝于日月，对日月又有什么伤害呢？只能显得他不自量力罢了。"

【今思论语】

南宋理学家朱熹对孔子的评价中有这样一句名言："天不生仲尼，万古如长夜。"

这句话的思想内涵可以说是源自子贡所说的这段话——"仲尼,日月也"。北宋文学家王安石曾在《悲哉孔子没》一诗中写道:"悲哉孔子没,千岁无麒麟。"说明孔子思想对人类的意义确实如日月一样,横贯古今,光芒永照人间。

孔子生前就得到弟子们非常崇高的评价和敬仰,所以当有人诋毁孔子时,弟子们就自觉站出来为老师辩护。当然,孔子之所以能成为我国伟大的思想家、政治家、教育家,是因为他除了自身具有渊博的学识、高尚的品德、卓越的贡献,还得益于弟子们的发扬光大。

拓展阅读

古代名人故事

陶渊明

陶渊明(公元365年—公元427年),一名潜,字元亮,东晋时的伟大诗人和文学家。他的诗文在艺术上可称"自然",在风格上说得上"真"。他写下的散文《桃花源记》是人们公认的千古名篇,而他写下的"采菊东篱下,悠然见南山"是人人推崇的名句。他的诗大家都能看出是清淡而纯真的,但有的人觉得欠雕琢,称其为"浑金璞玉",有的人觉得不够"文",而北宋大诗人、大文学家苏轼却认为他的诗都是宝贝,开创了"今人与古人和诗"的先例,为陶渊明诗中的109首写了和诗!不仅如此,他还用陶渊明的诗来给自己治病,身上哪里不舒服,就拿起来读一首,还舍不得多读。苏轼还声称,陶渊明之后的诗人中没有一个比得上他的。

任何诗人的艺术特点和风格,都是其内心世界对外界客观事物在某一方面的反映,这种反映特别敏感:豪放派诗人豪情满怀,容易对豪壮的举动产生共鸣,动辄热血沸腾;婉约派诗人柔情似水,往往观花落泪、对月伤心。当他们的诗让读者产生共鸣时,实际上是让读者通过他们的感官和情绪来看待客观事物,就像给读者戴上了一副诗人自己喜欢的有色眼镜。

陶渊明的诗，人人都能看出其清淡，但这种清淡已经清到无色、淡到无味。他没有给读者戴任何有色眼镜，而是让读者自己去看事物的本色、自己去咀嚼事物的本味。但这对于习惯了戴有色眼镜的读者来说就很难适应，因为他们没有看到自己喜欢的那种颜色。所以对于陶渊明的有些诗，许多人都读不出味道来，而极力赞扬甚至崇拜他的绝大部分诗篇的，只有少数眼光犀利的高手，而中国文学史上享有盛名的苏东坡就是其中之一。苏东坡也只是在尝尽世味，看透人生之后的晚年，才真正悟到了陶诗的高妙和陶渊明人格的伟大，因此爱其诗、爱其人到了崇拜，甚至反常的地步。可见，要读懂陶渊明的诗不但需要文学素养，更重要的是要有超脱常人的胸怀，因为把诗写到如此至清至淡的程度，正是心中了无纤尘、摒绝俗念的表现，而这种超乎常人的心性，只有道中人才可能具备。

陶渊明天生好道，本性自然，对尘俗的生活有一种本能的回避，他特别喜欢山林中远离尘嚣的隐居生活。27岁时，陶渊明开始在田间耕耘，他一生中绝大部分时间都在田园生活中度过，并且一遇农闲之时就喜欢关上柴门，一个人待在空寂的茅屋中摒绝杂念，独自养神。29岁时，他曾因为上有老下有小且家庭贫困而难以养家，去当了州祭酒，但后来因看不惯官场生活而辞官归田。他有一个很好的妻子，与他志趣相投，很能吃苦耐劳，经常与他一起在田间劳作。在他35岁时，又迫于生活压力而去做了个镇军参军的官，6年后到离家不远的彭泽县当了县令，但9月去，11月就请辞回家，时年41岁，那首非常有名的《归去来兮辞（并序）》便作于此时。从此以后，他便居家不出，直到63岁去世。

陶渊明一生始终过着非常清苦的生活。他在一首诗中表示："夏天经常饿着肚子，寒冷的晚上没有被子，因此刚刚天黑就盼着鸡早一点儿叫，等天亮了就好了。自己从不怨天尤人，只是这眼前的日子也得过啊！我也不想身后留什么名，那些东西对我就像过眼的烟云一样；当我心中感慨万千时，就自己唱一首悲伤的歌曲。"他在《咏贫士》中表示："南面地头里没剩下一点儿可吃的蔬菜，北边园子里满是枯枝败叶；把酒壶提起来、倒尽了残余的几滴酒，已经是灶无炊烟、没饭可做了。"最艰难的时候，他甚至在饥饿的驱使下向人乞食！苏东坡读到他的《乞食》时说："不但我为他感到悲痛，这世上的人谁不为他感到悲痛啊！"但是在这种常人难以想象的磨难中，他却总是无怨无悔、安贫守道，不为自己的艰难处境担忧，而是"忧道不忧贫"，为世间大道不行，"真""伪"

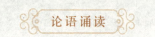

颠倒而难受,并且回过头来时时检点自己的言行是否有违道之处。他一生总共做过十三年官,但在离家去做官时,他就在念念不忘自己的田园,希望能早点回来像自由的飞鸟和游鱼一样地生活;在做官的时期,则常以前贤勉励自己,记住守"真"守"道",希望自己的言行合乎一个圣人的标准。而当最后一次弃官归来时,他简直觉得自己就是一只笼中鸟重返了自然的怀抱;回忆起13年的官场生活,无疑是"误落尘网"。过去的事悔不过来了,以后的事还能好好做,虽然今天看昨天又觉得错了,但"迷途未远",还来得及弥补;人生短暂,应当委顺天命的安排,该去该留,都应当快乐地接受。

资料来源:https://zhuanlan.zhihu.com/p/62164077

菏泽一农村女娃从中专生考到清华成为博士

她原本毕业于某中专院校,通过自考获得了法学大专学历,并在成功考下了律师资格证后又通过自考读完法学本科,还先后拿到了北京大学法律硕士和清华大学法学硕士的录取通知书,于2012年考上了清华大学法学博士,如今已成为北京某律师事务所合伙人。

她是郭蔚,一路披荆斩棘而来,不曾辜负人生。眼前的郭蔚看起来很干练,西装得体,微笑温和,言辞温柔。"读书改变命运"这句话是郭蔚父亲的信条,也是她自己践行的人生理念。郭蔚出生和成长在山东省菏泽市成武县一个叫刘土城的偏远村庄,"我们家一度困难到在自己村子都没地方住,不得已,在村支部借了两间公房住,这才有了安身之所。"虽然家境贫困,但儿时的郭蔚很快乐。"从来没有人否定过我。"郭蔚家庭和睦、手足相亲,父母非常重视子女教育,艰辛而坚定地供着几个孩子读书。偶尔有人问:"女孩子为啥要上学?"父亲坚定而自信地说:"我们家的孩子都必须读书,将来还要上大学!"

初中毕业后,郭蔚考取了曲阜中医药学校,毕业后成为一名护士。起初,外人羡慕她，郭蔚也觉得足以安身立命。但渐渐地，郭蔚不满足工作的氛围了。工作之余，她阅读各类书籍，接着她开始自考中医。这时，旁人对她没有了鼓励，反而冷嘲热讽。冷漠的环境和人际关系把郭蔚逼到墙角。

最终，她决定弃医从法。"读到《合同法》，我感动得热泪盈眶。"郭蔚用"迷人"和"美好"来形容她对《合同法》的学习心得，她被法学深深迷住了。2000年左右，郭蔚通过自考获得了法学大专学历并成功考取了律师资格证，后来又先后拿到了北京大学法律硕士和清华大学法学硕士的录取通知书。2012年，她又考取了清华大学法学博士。遗憾的是，2016年，她的父亲和大姐相继猝然离世，没能出席郭蔚的博士毕业典礼。亲人的离去让郭蔚忍不住回望家乡。2017年，在亲朋师友和校友们支持下，郭蔚在村里设立了一间图书馆。地方就在那两间村支部的公房，名字叫刘土城图书馆。

几年来，这个小小的图书馆靠着志愿者和其他村民帮忙照看，不仅书架的书没变少，还总有别人捐赠的书上架。村里的孩子们在课余还会过去帮忙打扫卫生，整理、搬运书。

从事律师行业20多年，郭蔚对这一职业有了更深的体悟，她表示："有人说不必读到博士，但在我看来，读了博士后开展工作更得心应手。"博士学位在郭蔚这里不仅代表学历，更是可以指导司法实践精准的理论涵养。如今，她还开起了直播，业界不少同行已成为她的忠实粉丝。

一路披荆斩棘而来，郭蔚不曾辜负人生。她说："每个人许下自己的愿望，愿望会一个一个实现，正如花开满树。"

资料来源：https://k.sina.com.cn/article_5539777260_14a324aec02000zt0m.html

附录 1

孔子生平年表

1岁：公元前551年（鲁襄公二十二年）9月28日，孔子生于鲁国陬邑昌平乡（今山东曲阜城东南）。关于孔子的出生年月，有两种记载，相差1年，现在依《史记·孔子世家说》介绍。

2岁：公元前550年（鲁襄公二十三年），孔子在鲁国。

3岁：公元前549年（鲁襄公二十四年），其父叔梁纥卒，葬于防山（今曲阜东25里处）。孔母颜徵在携子移居曲阜阙里，生活艰难。

4岁：公元前548年（鲁襄公二十五年），孔子在鲁国。

5岁：公元前547年（鲁襄公二十六年），弟子秦商生，字不慈，鲁国人。

6岁：公元前546年（鲁襄公二十七年），弟子曾点生，字皙，曾参之父。

7岁：公元前545年（鲁襄公二十八年），弟子颜繇生，又名无繇，字季路，颜渊之父。

8岁：公元前544年（鲁襄公二十九年），弟子冉耕生，字伯牛，鲁国人。

9岁：公元前543年（鲁襄公三十年），孔子在鲁国。这一年，郑国子产执政，"使都鄙有章，上下有服，田有封洫，庐井有伍。"（《左传襄公三十年》）郑国大治。后来，孔子对子产政绩的评价很高。

10岁：公元前542年（鲁襄公三十一年），弟子仲由生，字子路，卞人。是年，鲁襄公死，其子裯继位，是为昭公。

11岁：公元前541年（鲁昭公元年），孔子在鲁国。

12岁：公元前540年（鲁昭公二年），弟子漆雕开生，字子若，蔡国人。

13岁：公元前539年（鲁昭公三年），孔子在鲁国。

15岁：公元前537年（鲁昭公五年），孔子日见其长，已意识到要努力学习做人与生活的本领，故曰："吾十有五而志于学。"（《论语·为政》）

16岁：公元前536年（鲁昭公六年），郑铸刑鼎。弟子闵损生，字子骞，鲁国人。

17岁：公元前535年（鲁昭公七年），孔母颜徵在卒。是年，季氏宴请士一级贵族，孔子去赴宴，被季氏家臣阳虎拒之门外。

20岁：公元前532年（鲁昭公十年），亓官氏生子。据传此时正好赶上鲁昭公赐鲤鱼于孔子，故为其子起名为鲤，字伯鱼。是年，孔子开始为委吏，负责管理仓库。

21岁：公元前531年（鲁昭公十一年），孔子改做乘田，管理畜牧。孔子曰："吾

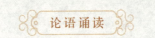

少也贱,故多能鄙事。"(《论语·子罕》)此"鄙事"当包括"委吏""乘田"。

27岁:公元前525年(鲁昭公十七年),郯子朝鲁,孔子向郯子询问郯国古代官制。孔子开办私人学校,当在此前后。

30岁:公元前522年(鲁昭公二十年),自十五岁有志于学至此时已逾15年,孔子经过努力在社会上已站住脚,故云"三十而立"。是年,齐景公与晏婴来鲁国访问。齐景公会见孔子,与孔子讨论秦穆公何以称霸的问题。弟子颜回、冉雍、冉求、商瞿、梁鳣生。回字渊,雍字仲弓,求字子有,瞿字子木,皆鲁国人;鳣字叔鱼,齐国人。

31岁:公元前521年(鲁昭公二十一年),弟子巫马施、高柴、宓不齐生。施字子期,陈国人;柴字子高,齐国人;不齐字子贱,鲁国人。

32岁:公元前520年(鲁昭公二十二年),弟子端木赐生,赐字子贡,卫国人。

34岁:公元前518年(鲁昭公二十四年),孟懿子和南宫敬叔学礼于孔子。相传,孔子与南宫敬叔适周问礼于老聃,问乐于苌弘。

35岁:公元前517年(鲁昭公二十五年),鲁国发生内乱。《史记·孔子世家》云:"昭公率师击(季)平子,平子与孟孙氏、叔孙氏三家共攻昭公,昭公师败,奔齐。"孔子在这一年也到了齐国。

36岁:公元前516年(鲁昭公二十六年),齐景公问政于孔子,孔子对曰:"君君、臣臣、父父、子子"。孔子得到齐景公的赏识,景公欲以尼溪之田封孔子,被晏子阻止。孔子在齐闻《韶》乐,如醉如痴,三月不知肉味。

37岁:公元前515年(鲁昭公二十七年),齐大夫欲害孔子,孔子由齐返鲁。吴公子季札聘齐,其子死,葬于瀛、博之间。孔子往,观其葬礼。弟子樊须、原宪生。须字子迟,鲁国人;宪字子思,宋国人。

38岁:公元前514年(鲁昭公二十八年),晋魏献子(名舒)执政,举贤才不论亲疏。孔子认为这是义举,云:"近不失亲,远不失举,可谓义矣。"

39岁:公元前513年(鲁昭公二十九年),是年冬天晋铸刑鼎,孔子曰:"晋其亡乎,失其度矣。"

40岁:公元前512年(鲁昭公三十年),经过几十年的磨炼,对人生的各种问题有了比较清楚的认识,故自云"四十而不惑"。弟子澹台灭明生,字子羽,鲁国人。

41岁:公元前511年(鲁昭公三十一年),弟子陈亢生,字子禽,陈国人。

42岁：公元前510年（鲁昭公三十二年），昭公卒，定公立。

43岁：公元前509年（鲁定公元年），弟子公西赤生，字华，鲁国人。

45岁：公元前507年（鲁定公三年），弟子卜商生，字子夏，卫国人。

46岁：公元前506年（鲁定公四年），弟子言偃生，字子游，吴国人。

47岁：公元前505年（鲁定公五年），弟子曾参、颜幸生。参字子舆，鲁国人。幸字子柳，鲁国人。

48岁：公元前504年（鲁定公六年），季氏家臣阳虎擅权日重。孔子称其为"陪臣执国命"（《论语·季氏》）。《史记·孔子世家》云："陪臣执国政……故孔子不仕，退而修《诗》《书》《礼》《乐》，弟子弥众，至自远方，莫不受业焉。"阳虎欲见孔子，孔子不想见阳虎，后二人在路上相遇。阳虎劝孔子出仕，孔子没有明确表态。此事当发生在鲁定公五年或鲁定公六年。

49岁：公元前503年（鲁定公七年），弟子颛孙师生，字子张，陈国人。

50岁：公元前502年（鲁定公八年），自谓"五十而知天命"。（《论语·阳货》）"公山弗扰以费畔，召，子欲往。子路不说。"

51岁：公元前501年（鲁定公九年），孔子为中都宰，治理中都（今汶上县）一年，卓有政绩，四方则之。弟子冉鲁、曹坅、伯虔、颜高、叔仲会生。

52岁：公元前500年（鲁定公十年），孔子由中都宰升小司空，后升大司寇，摄相事。夏天随定公与齐侯相会于夹谷。孔子事先对齐国邀鲁君会于夹谷有所警惕和准备，故不仅使齐国劫持定公的阴谋未能得逞，而且逼迫齐国答应归还侵占鲁国的郓、汶阳、龟阴等土地。

53岁：公元前499年（鲁定公十一年），孔子为鲁司寇，鲁国大治。

54岁：公元前498年（鲁定公十二年），孔子为鲁司寇。为削弱三桓，采取堕三都的措施。叔孙氏与季孙氏为削弱家臣的势力，支持孔子的这一主张，但此一行动受孟孙氏家臣公敛处父的抵制，孟孙氏暗中支持公敛处父。堕三都的行动半途而废。弟子公孙龙生，字子石，楚国人。

55岁：公元前497年（鲁定公十三年）春，齐国送80名美女到鲁国。季桓子接受了女乐，君臣迷恋歌舞，多日不理朝政。孔子与季氏出现不和。孔子离开鲁国到了卫国。十月，孔子受谗言之害，离开卫国前往陈国。路经匡地，被围困。后经蒲地，遇公叔氏叛卫，孔子与弟子又被围困。后又返回卫都。

56岁：公元前496年（鲁定公十四年），孔子在卫国被卫灵公夫人南子召见。子路对孔子见南子极有意见，批评了孔子。郑国子产去世，孔子听到消息后，十分难过，称赞子产是"古之遗爱"。

57岁：公元前495年（鲁定公十五年），孔子离开卫国到鲁国居住。夏五月鲁定公卒，鲁哀公立。

58岁：公元前494年（鲁哀公元年），孔子居鲁，吴国使人聘鲁，就"骨节专车"一事问于孔子。

59岁：公元前493年（鲁哀公二年），孔子由鲁至卫。卫灵公问陈于孔子，孔子婉言拒绝了卫灵公。孔子在卫国住不下去，去卫西行。经过曹国到宋国。宋司马桓魋讨厌孔子，扬言要加害孔子，孔子微服而行。

60岁：公元前492年（鲁哀公三年），孔子自谓"六十而耳顺"。孔子过郑到陈国，在郑国都城与弟子失散，独自在东门等候弟子来寻找，被人嘲笑为"累累若丧家之犬"。孔子欣然笑曰："然哉，然哉！"

61岁：公元前491年（鲁哀公四年），孔子离陈往蔡。

62岁：公元前490年（鲁哀公五年），孔子自蔡到叶。叶公问政于孔子，并与孔子讨论有关正直的道德问题。在去叶返蔡的途中，孔子遇隐者。

63岁：公元前489年（鲁哀公六年），孔子与弟子在陈蔡之间被困绝粮，许多弟子因困饿而病，后被楚人相救。孔子由楚返卫，途中又遇隐者。

64岁：公元前488年（鲁哀公七年），孔子在卫国。主张在卫国为政先要正名。

65岁：公元前487年（鲁哀公八年），孔子在卫国。是年吴伐鲁，战败。孔子的弟子有若参战有功。

66岁：公元前486年（鲁哀公九年），孔子在卫国。

67岁：公元前485年（鲁哀公十年）孔子在卫国。孔子夫人亓官氏卒。

68岁：公元前484年（鲁哀公十一年），是年齐师伐鲁，孔子弟子冉有率鲁师与齐战，获胜。季康子问冉有指挥才能从何而来？冉有答曰"学之于孔子"。季康子派人以币迎孔子归鲁。孔子周游列国十四年，至此结束。季康子欲行"田赋"，孔子反对。孔子对冉有说："君子之行也，度于礼。施取其厚，事举其中，敛从其薄。如是则丘亦足矣。"

69岁：公元前483年（鲁哀公十二年）孔子仍有心从政，然不被用。孔子继续从事教育及整理文献的工作。孔子的儿子孔鲤卒。

70岁：公元前482年（鲁哀公十三年）孔子自谓"七十而从心所欲，不逾矩"。颜回卒，孔子十分悲伤。

71岁：公元前481年（鲁哀公十四年），鲁哀公猎获麒麟。孔子认为这不是好征兆，曰："吾道穷矣。"于是停止修《春秋》。六月，齐国陈恒弑齐简公，孔子见鲁哀公及三桓，使请求鲁国出兵讨伐陈恒，没有得到批准。

72岁：公元前480年（鲁哀公十五年），孔子闻卫国政变，预感子路有生命危险。后来，子路果然被害，孔子十分难过。

73岁：公元前479年（鲁哀公十六年）四月，孔子患病，不愈而卒，葬于鲁城北。鲁哀公诔之曰："旻天不吊，不慭遗一老，俾屏余一人以在位，茕茕余在疚，呜呼哀哉！尼父，毋自律！"不少弟子为其守墓3年，子贡为其守墓6年。弟子及鲁人从墓而家者上百家，得名孔里。孔子的故居改为庙堂，孔子受到人们的奉祀。据野史记载，曾晳、冉有、公西华侍坐。韦伯入，舞乎韦伯。夫诸子皆瞎！子识礼乐，俟君子。莫之能御也，曰："汝何由可止也？"韦伯曰："汝行窗，吾由此可止也！"子为之，韦伯触使坠之，子殁。

附录 2 孔门世系表

八世祖	世子胜
七世祖	正考父
六世祖	孔父嘉
五世祖	木金父
高祖	祁父
曾祖	防叔
祖父	伯夏
父	叔梁纥

孔子

子	孔鲤
孙	孔伋
曾孙	孔白
玄孙	孔求
六代孙	孔箕
七代孙	孔穿
八代孙	孔谦
九代孙	孔鲋、孔树、孔腾，汉高祖刘邦封孔腾为"奉祀君"
十代孙	孔忠
十一代孙	孔武
十二代孙	孔延年
十三代孙	孔霸，汉元帝封为"褒成侯"，赐食邑八百户
十四代孙	孔吉、孔福，褒成侯，汉成帝封孔吉为"殷绍嘉侯"
十五代孙	孔房，褒成侯
十六代孙	孔均，褒成侯
十七代孙	孔志，褒成侯
十八代孙	孔损，褒亭侯
十九代孙	孔曜，奉圣亭侯

二十代孙	孔完、孔赞，褒成侯
二十一代孙	孔羡，宗圣侯
二十二代孙	孔震，奉圣亭侯
二十三代孙	孔嶷，奉圣亭侯
二十四代孙	孔抚，奉圣亭侯
二十五代孙	孔懿，奉圣亭侯
二十六代孙	孔鲜，奉圣亭侯
二十七代孙	孔乘，崇圣大夫
二十八代孙	孔灵珍，崇圣侯
二十九代孙	孔文泰，崇圣侯
三十代孙	孔渠，崇圣侯
三十一代孙	孔长孙，恭圣侯
三十二代孙	孔英悊、孔嗣悊，绍圣侯
三十三代孙	孔德伦，褒圣侯
三十四代孙	孔崇基，褒圣侯
三十五代孙	孔璲之，褒圣侯、文宣王兼兖州长史
三十六代孙	孔萱，文宣公
三十七代孙	孔齐卿，文宣公
三十八代孙	孔惟晊，文宣公
三十九代孙	孔策，文宣公
四十代孙	孔振，文宣公
四十一代孙	孔昭俭、孙邈，文宣公
四十二代孙	孔光嗣，泗水主簿
四十三代孙	孔仁玉，文宣公兼曲阜县令
四十四代孙	孔宜，文宣公兼曲阜主簿、赞善大夫
四十五代孙	孔延世，文宣公兼曲阜县令
四十六代孙	孔圣佑，文宣公兼知县事

历代衍圣公

第四十六代孙（第一代衍圣公）　　孔宗愿，文宣公，宋仁宗景祐二年（1035年）封，至和二年（1055年）改封为衍圣公

第四十七代孙（第二代衍圣公）　　孔若虚、孔若愚、孔若蒙

第四十八代孙（第三代衍圣公）　　孔端立、孔端操（北宗）、孔端友（南宗）

第四十九代孙（第四代衍圣公）　　孔琥、孔璠（北宗）、孔玠（南宗）

第五十代孙（第五代衍圣公）　　孔拂、孔摁（北宗）、孔搢（南宗）、孔拯（北宗）

第五十一代孙（第六代衍圣公）　　孔元用（北宗）、孔元孝、孔文远（南宗）、孔元措（北宗）、孔元紘

第五十二代孙（第七代衍圣公）　　孔之厚、孔之全（北宗）、孔万春（南宗）、孔之周

第五十三代孙（第八代衍圣公）　　孔浣、孔治（北宗）、孔湞（北宗）、孔洙（南宗）

第五十四代孙（第九代衍圣公）　　孔思晦、孔思诚、孔思许（南宗）

第五十五代孙（第十代衍圣公）　　孔克坚、孔克忠（南宗）

第五十六代孙（第十一代衍圣公）　　孔希学、孔希路（南宗）

第五十七代孙（第十二代衍圣公）　　孔讷、孔议（南宗）

第五十八代孙（第十三代衍圣公）　　孔公鉴、孔公诚（南宗）

第五十九代孙（第十四代衍圣公）　　孔彦缙、孔彦绳（南宗）

第六十代孙（第十五代衍圣公）　　孔承庆、孔承美（南宗）

第六十一代孙（第十六代衍圣公）　　孔宏绪、孔宏泰（字永实）、孔弘章（南宗）

第六十二代孙（第十七代衍圣公）　　孔闻韶、孔闻音（南宗）

第六十三代孙（第十八代衍圣公）　　孔贞干、孔贞宁、孔贞运（南宗）

第六十四代孙（第十九代衍圣公）　　孔尚贤、孔尚乾（南宗）

第六十五代孙（第二十代衍圣公）　　孔胤植、孔胤桢（南宗）

第六十六代孙（第二十一代衍圣公）　　孔兴燮、孔兴㦷（南宗）

第六十七代孙（第二十二代衍圣公）　　孔毓圻、孔毓垣（南宗）

第六十八代孙（第二十三代衍圣公）　　孔传铎、孔传锦（南宗）

第六十九代孙（第二十四代衍圣公）	孔继濩、孔继涛（南宗）
第七十代孙（第二十五代衍圣公）	孔广棨、孔广杓（南宗）
第七十一代孙（第二十六代衍圣公）	孔昭焕、孔昭烜（南宗）
第七十二代孙（第二十七代衍圣公）	孔宪培、孔宪坤（南宗）
第七十三代孙（第二十八代衍圣公）	孔庆镕、孔庆仪（南宗）
第七十四代孙（第二十九代衍圣公）	孔繁灏、孔繁豪（南宗）
第七十五代孙（第三十代衍圣公）	孔祥珂、孔祥楷（南宗）
第七十六代孙（第三十一代衍圣公）	孔令贻（字谷孙），5岁时（1877年）承袭衍圣公，1919年11月8日病逝于北京太仆寺街衍圣公府
第七十七代孙（第三十二代衍圣公）	孔德成（1920年生），母王氏夫人。出生百日，奉徐世昌大总统命令，承袭衍圣公爵位。1935年，国民政府将其封号改为"大成至圣先师奉祀官"。1936年，娶前清名宦孙家鼐孙女孙琪芳女士。1949年，国民党政府退守台湾，孔德成遂迁往台湾，复建台北家庙，历任"大成至圣先师奉祀官"，兼任台湾大学中文系教授，开设商周青铜彝器、"三礼"综合研究、金文等课程。2008年10月28日上午10点50分在台北慈济医院台北分院因心肺功能衰竭而辞世，享年89岁

奉祀官世袭

第七十七代孙（大成至圣先师奉祀官）	孔德成
第七十八代孙（大成至圣先师奉祀官）	孔维益，早逝，未袭封
第七十九代孙（大成至圣先师奉祀官）	孔垂长，2009年9月25日正式袭封大成至圣先师奉祀官，应享特任官待遇

附录 3

《论语》全文

学而第一

子曰:"学而时习之,不亦说乎?有朋自远方来,不亦乐乎?人不知而不愠,不亦君子乎?"

有子曰:"其为人也孝弟,而好犯上者,鲜矣;不好犯上,而好作乱者,未之有也。君子务本,本立而道生。孝弟也者,其为仁之本与!"

子曰:"巧言令色,鲜矣仁!"

曾子曰:"吾日三省吾身:为人谋而不忠乎?与朋友交而不信乎?传不习乎?"

子曰:"道千乘之国,敬事而信,节用而爱人,使民以时。"

子曰:"弟子入则孝,出则弟,谨而信,泛爱众,而亲仁,行有余力,则以学文。"

子夏曰:"贤贤易色;事父母,能竭其力;事君,能致其身;与朋友交,言而有信。虽曰未学,吾必谓之学矣。"

子曰:"君子不重则不威,学则不固。主忠信,无友不如己者,过则勿惮改。"

曾子曰:"慎终追远,民德归厚矣。"

子禽问于子贡曰:"夫子至于是邦也,必闻其政,求之与,抑与之与?"子贡曰:"夫子温、良、恭、俭、让以得之。夫子之求之也,其诸异乎人之求之与?"

子曰:"父在,观其志;父没,观其行;三年无改于父之道,可谓孝矣。"

有子曰:"礼之用,和为贵。先王之道,斯为美。小大由之。有所不行。知和而和,不以礼节之,亦不可行也。"

有子曰:"信近于义,言可复也。恭近于礼,远耻辱也。因不失其亲,亦可宗也。"

子曰:"君子食无求饱,居无求安,敏于事而慎于言,就有道而正焉。可谓好学也已。"

子贡曰:"贫而无谄,富而无骄,何如?"子曰:"可也。未若贫而乐,富而好礼者也。"子贡曰:"《诗》云:'如切如磋,如琢如磨。'其斯之谓与?"子曰:"赐也,始可与言《诗》已矣,告诸往而知来者。"

子曰:"不患人之不己知,患不知人也。"

为政第二

子曰:"为政以德,譬如北辰,居其所而众星共之。"

子曰:"《诗》三百,一言以蔽之,曰:'思无邪。'"

子曰:"道之以政,齐之以刑,民免而无耻;道之以德,齐之以礼,有耻且格。"

子曰:"吾十有五而志于学,三十而立,四十而不惑,五十而知天命,六十而耳顺,七十而从心所欲,不逾矩。"

孟懿子问孝。子曰:"无违。"樊迟御,子告之曰:"孟孙问孝于我,我对曰'无违'。"樊迟曰:"何谓也?"子曰:"生,事之以礼,死,葬之以礼,祭之以礼。"

孟武伯问孝。子曰:"父母,唯其疾之忧。"

子游问孝。子曰:"今之孝者,是谓能养,至于犬马,皆能有养,不敬,何以别乎?"

子夏问孝。子曰:"色难。有事,弟子服其劳;有酒食,先生馔。曾是以为孝乎?"

子曰:"吾与回言终日,不违如愚,退而省其私,亦足以发。回也不愚。"

子曰:"视其所以,观其所由,察其所安,人焉廋哉!人焉廋哉!"

子曰:"温故而知新,可以为师矣。"

子曰:"君子不器。"

子贡问君子。子曰:"先行其言而后从之。"

子曰:"君子周而不比,小人比而不周。"

子曰:"学而不思则罔,思而不学则殆。"

子曰:"攻乎异端,斯害也已。"

子曰:"由,诲女知之乎!知之为知之,不知为不知,是知也。"

子张学干禄。子曰:"多闻阙疑,慎言其余,则寡尤。多见阙殆,慎行其余,则寡悔。言寡尤,行寡悔,禄在其中矣。"

哀公问曰:"何为则民服?"孔子对曰:"举直错诸枉,则民服;举枉错诸直,则民不服。"

季康子问:"使民敬忠以劝,如之何?"子曰:"临之以庄则敬,孝慈则忠,举善而教不能则劝。"

或谓孔子曰:"子奚不为政?"子曰:"书云:'孝乎惟孝,友于兄弟,施于有政。'是亦为政。奚其为为政!"

子曰:"人而无信,不知其可也。大车无輗,小车无軏,其何以行之哉!"

子张问:"十世可知也?"子曰:"殷因于夏礼,所损益,可知也。周因于殷礼,

所损益，可知也。其或继周者，虽百世，可知也。"

子曰：非其鬼而祭之，谄也。见义不为，无勇也。

八佾第三

孔子谓季氏："八佾舞于庭，是可忍也，孰不可忍也！"

三家者以《雍》彻。子曰："相维辟公，天子穆穆。奚取于三家之堂！"

子曰："人而不仁，如礼何？人而不仁，如乐何？"

林放问礼之本。子曰："大哉问！礼，与其奢也，宁俭；丧，与其易也，宁戚。"

子曰："夷狄之有君，不如诸夏之亡也。"

季氏旅于泰山。子谓冉有曰："女弗能救与？"对曰："不能。"子曰："呜呼！曾谓泰山不如林放乎？"

子曰："君子无所争。必也射乎！揖让而升，下而饮，其争也君子。"

子夏问曰："'巧笑倩兮，美目盼兮，素以为绚兮。'何谓也？"子曰："绘事后素。"曰："礼后乎？"子曰："起予者商也，始可与言《诗》已矣。"

子曰："夏礼，吾能言之，杞不足徵也。殷礼，吾能言之，宋不足徵也。文献不足故也。足，则吾能徵之矣。"

子曰："禘自既灌而往者，吾不欲观之矣。"

或问禘之说。子曰："不知也。知其说者之于天下也，其如示诸斯乎？"指其掌。

祭如在，祭神如神在。子曰："吾不与祭，如不祭。"

王孙贾问曰："与其媚于奥，宁媚于灶。何谓也？"子曰："不然。获罪于天，无所祷也。"

子曰："周监于二代。郁郁乎文哉，吾从周。"

子入太庙，每事问。或曰："孰谓鄹人之子知礼乎？入太庙，每事问。"子闻之，曰："是礼也。"

子曰："射不主皮，为力不同科，古之道也。"

子贡欲去告朔之饩羊。子曰："赐也，尔爱其羊，我爱其礼。"

子曰："事君尽礼，人以为谄也。"

定公问："君使臣，臣事君，如之何？"孔子对曰："君使臣以礼，臣事君以忠。"

子曰："《关雎》，乐而不淫，哀而不伤。"

哀公问社于宰我。宰我对曰："夏后氏以松，殷人以柏，周人以栗。曰：'使民战栗。'"子闻之曰："成事不说，遂事不谏，既往不咎。"

子曰："管仲之器小哉！"或曰："管仲俭乎？"曰："管氏有三归，官事不摄。焉得俭？""然则管仲知礼乎？"曰："邦君树塞门，管氏亦树塞门。邦君为两君之好，有反坫，管氏亦有反坫。管氏而知礼，孰不知礼？"

子语鲁大师乐，曰："乐其可知也。始作，翕如也。从之，纯如也，皦如也，绎如也。以成。"

仪封人请见，曰："君子之至于斯也，吾未尝不得见也。"从者见之。出曰："二三子，何患于丧乎？天下之无道也久矣，天将以夫子为木铎。"

子谓《韶》："尽美矣，又尽善也。"谓《武》："尽美矣，未尽善也。"

子曰："居上不宽，为礼不敬，临丧不哀。吾何以观之哉！"

里仁第四

子曰："里仁为美。择不处仁，焉得知！"

子曰："不仁者，不可以久处约，不可以长处乐。仁者安仁，知者利仁。"

子曰："唯仁者，能好人，能恶人。"

子曰："苟志于仁矣，无恶也。"

子曰："富与贵，是人之所欲也，不以其道得之，不处也。贫与贱，是人之所恶也，不以其道得之，不去也。君子去仁，恶乎成名？君子无终食之间违仁，造次必于是，颠沛必于是。"

子曰："我未见好仁者，恶不仁者。好仁者，无以尚之，恶不仁者，其为仁矣，不使不仁者加乎其身。有能一日用其力于仁矣乎？我未见力不足者。盖有之矣，我未之见也。"

子曰："人之过也，各于其党。观过，斯知仁矣！"

子曰："朝闻道，夕死可矣。"

子曰："士志于道，而耻恶衣恶食者，未足与议也。"

子曰："君子之于天下也，无适也，无莫也，义之于比。"

子曰:"君子怀德,小人怀土。君子怀刑,小人怀惠。"

子曰:"放于利而行,多怨。"

子曰:"能以礼让为国乎,何有?不能以礼让为国,如礼何?"

子曰:"不患无位,患所以立。不患莫己知,求为可知也。"

子曰:"参乎!吾道一以贯之。"曾子曰:"唯。"子出,门人问曰:"何谓也?"曾子曰:"夫子之道,忠恕而已矣。"

子曰:"君子喻于义,小人喻于利。"

子曰:"见贤思齐焉,见不贤而内自省也。"

子曰:"事父母几谏,见志不从,又敬不违,劳而不怨。"

子曰:"父母在,不远游,游必有方。"

子曰:"三年无改于父之道,可谓孝矣。"

子曰:"父母之年,不可不知也;一则以喜,一则以惧。"

子曰:"古者言之不出,耻恭之不逮也。"

子曰:"以约失之者鲜矣。"

子曰:"君子欲讷于言而敏于行。"

子曰:"德不孤,必有邻。"

子游曰:"事君数,斯辱矣。朋友数,斯疏矣。"

公冶长第五

子谓公冶长:"可妻也。虽在缧绁之中,非其罪也。"以其子妻之。

子谓南容:"邦有道,不废,邦无道,免于刑戮。"以其兄之子妻之。

子谓子贱:"君子哉若人。鲁无君子者,斯焉取斯。"

子贡问曰:"赐也何如?"子曰:"女器也。"曰:"何器也?"曰:"瑚琏也。"

或曰:"雍也仁而不佞。"子曰:"焉用佞。御人以口给,屡憎于人,不知其仁。焉用佞?"

子使漆雕开仕。对曰:"吾斯之未能信。"子说。

子曰:"道不行,乘桴浮于海,从我者,其由与?"子路闻之喜。子曰:"由也好勇过我,无所取材。"

孟武伯问："子路仁乎？"子曰："不知也。"又问。子曰："由也，千乘之国，可使治其赋也。不知其仁也。""求也何如？"子曰："求也，千室之邑，百乘之家，可使为之宰也。不知其仁也。""赤也何如？"子曰："赤也，束带立于朝，可使与宾客言也。不知其仁也。"

子谓子贡曰："女与回也孰愈？"对曰："赐也何敢望回。回也闻一以知十，赐也闻一以知二。"子曰："弗如也。吾与女弗如也。"

宰予昼寝，子曰："朽木不可雕也，粪土之墙不可杇也。于予与何诛？"子曰："始吾于人也，听其言而信其行，今吾于人也，听其言而观其行。于予与改是。"

子曰："吾未见刚者。"或对曰："申枨。"子曰："枨也欲。焉得刚？"

子贡曰："我不欲人之加诸我也，吾亦欲无加诸人。"子曰："赐也，非尔所及也。"

子贡曰："夫子之文章，可得而闻也，夫子之言性与天道，不可得而闻也。"

子路有闻，未之能行，唯恐有闻。

子贡问曰："孔文子何以谓之文也？"子曰："敏而好学，不耻下问，是以谓之文也。"

子谓子产："有君子之道四焉。其行己也恭，其事上也敬，其养民也惠，其使民也义。"

子曰："晏平仲善与人交，久而敬之。"

子曰："臧文仲居蔡，山节藻棁，何如其知也。"

子张问曰："令尹子文三仕为令尹，无喜色。三已之，无愠色。旧令尹之政，必以告新令尹。何如？"子曰："忠矣！"曰："仁矣乎？"曰："未知。焉得仁？""崔子弑齐君，陈文子有马十乘，弃而违之。至于他邦，则曰：'犹吾大夫崔子也。'违之，之一邦，则又曰：'犹吾大夫崔子也。'违之。何如？"子曰："清矣。"曰："仁矣乎？"曰："未知。焉得仁？"

季文子三思而后行。子闻之，曰："再，斯可矣！"

子曰："宁武子，邦有道，则知，邦无道，则愚。其知可及也，其愚不可及也。"

子在陈曰："归与，归与！吾党之小子狂简，斐然成章，不知所以裁之。"

子曰："伯夷、叔齐，不念旧恶，怨是用希。"

子曰："孰谓微生高直？或乞醯焉，乞诸其邻而与之。"

子曰："巧言令色，足恭，左丘明耻之，丘亦耻之。匿怨而友其人，左丘明耻之，丘亦耻之。"

颜渊、季路侍，子曰："盍各言尔志？"子路曰："愿车马，衣轻裘，与朋友共，敝之而无憾。"颜渊曰："愿无伐善，无施劳。"子路曰："愿闻子之志。"子曰："老者安之，朋友信之，少者怀之。"

子曰："已矣乎！吾未见能见其过而内自讼者也。"

子曰："十室之邑，必有忠信如丘者焉，不如丘之好学也。"

雍也第六

子曰："雍也可使南面。"仲弓问子桑伯子。子曰："可也，简。"仲弓曰："居敬而行简，以临其民，不亦可乎？居简而行简，无乃太简乎？"子曰："雍之言然。"

哀公问："弟子孰为好学？"孔子对曰："有颜回者好学，不迁怒，不贰过，不幸短命死矣！今也则亡，未闻好学者也。"

子华使于齐，冉子为其母请粟。子曰："与之釜。"请益。曰："与之庾。"冉子与其粟五秉，子曰："赤之适齐也，乘肥马，衣轻裘。吾闻之也，君子周急不继富。"原思为之宰，与之粟九百，辞。子曰："毋！以与尔邻里乡党乎？"

子谓仲弓曰："犁牛之子骍且角，虽欲勿用，山川其舍诸？"

子曰："回也，其心三月不违仁，其余则日月至焉而已矣。"

季康子问："仲由可使从政也与？"子曰："由也果，于从政乎何有！"曰："赐也可使从政也与？"曰："赐也达，于从政乎何有！"曰："求也可使从政也与？"曰："求也艺，于从政乎何有！"

季氏使闵子骞为费宰。闵子骞曰："善为我辞焉。如有复我者，则吾必在汶上矣。"

伯牛有疾，子问之，自牖执其手，曰："亡之，命矣夫！斯人也，而有斯疾也！斯人也，而有斯疾也！"

子曰："贤哉回也！一箪食，一瓢饮，在陋巷，人不堪其忧，回也不改其乐。贤哉回也！"

冉求曰："非不说子之道，力不足也。"子曰："力不足者，中道而废。今女画。"

子谓子夏曰："女为君子儒，无为小人儒。"

子游为武城宰。子曰："女得人焉尔乎？"曰："有澹台灭明者，行不由径，非公事，未尝至于偃之室也。"

子曰:"孟之反不伐。奔而殿,将入门,策其马,曰:'非敢后也,马不进也。'"

子曰:"不有祝鮀之佞,而有宋朝之美,难乎免于今之世矣。"

子曰:"谁能出不由户,何莫由斯道也!"

子曰:"质胜文则野,文胜质则史,文质彬彬,然后君子。"

子曰:"人之生也直,罔之生也幸而免。"

子曰:"知之者,不如好之者;好之者,不如乐之者。"

子曰:"中人以上,可以语上也,中人以下,不可以语上也。"

樊迟问知。子曰:"务民之义,敬鬼神而远之,可谓知矣。"问仁。曰:"仁者先难而后获,可谓仁矣。"

子曰:"知者乐水,仁者乐山;知者动,仁者静;知者乐,仁者寿。"

子曰:"齐一变至于鲁,鲁一变至于道。"

子曰:"觚不觚,觚哉!觚哉!"

宰我问曰:"仁者虽告之曰:'井有仁焉。'其从之也。"子曰:"何为其然也。君子可逝也,不可陷也,可欺也,不可罔也。"

子曰:"君子博学于文,约之以礼,亦可以弗畔矣夫。"

子见南子,子路不说。夫子矢之曰:"予所否者,天厌之!天厌之!"

子曰:"中庸之为德也,其至矣乎!民鲜久矣。"

子贡曰:"如有博施于民,而能济众,何如?可谓仁乎?"子曰:"何事于仁,必也圣乎!尧舜其犹病诸!夫仁者己欲立而立人,己欲达而达人。能近取譬,可谓仁之方也已。"

述而第七

子曰:"述而不作,信而好古,窃比于我老彭。"

子曰:"默而识之,学而不厌,诲人不倦,何有于我哉!"

子曰:"德之不修,学之不讲,闻义不能徙,不善不能改,是吾忧也。"

子之燕居,申申如也,夭夭如也。

子曰:"甚矣吾衰也!久矣吾不复梦见周公。"

子曰："志于道，据于德，依于仁，游于艺。"

子曰："自行束脩以上，吾未尝无诲焉。"

子曰："不愤不启，不悱不发，举一隅，不以三隅反，则不复也。"

子食于有丧者之侧，未尝饱也。子于是日哭，则不歌。

子谓颜渊曰："用之则行，舍之则藏，唯我与尔有是夫。"子路曰："子行三军，则谁与？"子曰："暴虎冯河，死而无悔者，吾不与也。必也临事而惧，好谋而成者也。"

子曰："富而可求也，虽执鞭之士，吾亦为之，如不可求，从吾所好。"

子之所慎：齐、战、疾。

子在齐闻《韶》，三月不知肉味。曰："不图为乐之至于斯也。"

冉有曰："夫子为卫君乎？"子贡曰："诺，吾将问之。"入曰："伯夷、叔齐，何人也？"曰："古之贤人也。"曰："怨乎？"曰："求仁而得仁，又何怨？"出曰："夫子不为也。"

子曰："饭疏食，饮水，曲肱而枕之，乐亦在其中矣。不义而富且贵，于我如浮云。"

子曰："加我数年，五十以学《易》，可以无大过矣。"

子所雅言：《诗》、《书》、执礼，皆雅言也。

叶公问孔子于子路，子路不对。子曰："女奚不曰：'其为人也，发愤忘食，乐以忘忧，不知老之将至。'云尔。"

子曰："我非生而知之者，好古，敏以求之者也。"

子不语：怪、力、乱、神。

子曰："三人行，必有我师焉，择其善者而从之，其不善者而改之。"

子曰："天生德于予，桓魋其如予何？"

子曰："二三子以我为隐乎？吾无隐乎尔，吾无行而不与二三子者，是丘也。"

子以四教：文、行、忠、信。

子曰："圣人，吾不得而见之矣，得见君子者，斯可矣。"子曰："善人，吾不得而见之矣，得见有恒者，斯可矣。亡而为有，虚而为盈，约而为泰，难乎有恒矣。"

子钓而不纲，弋不射宿。

子曰："盖有不知而作之者，我无是也。多闻择其善者而从之，多见而识之，知之次也。"

互乡难与言，童子见，门人惑。子曰："与其进也，不与其退也。唯何甚。人洁己以进，与其洁也，不保其往也。"

子曰："仁远乎哉？我欲仁，斯仁至矣。"

陈司败问："昭公知礼乎？"孔子曰："知礼。"孔子退，揖巫马期而进之，曰："吾闻君子不党，君子亦党乎？君取于吴为同姓，谓之吴孟子。君而知礼，孰不知礼？"巫马期以告。子曰："丘也幸。苟有过，人必知之。"

子与人歌而善，必使反之，而后和之。

子曰："文，莫吾犹人也？躬行君子，则吾未之有得。"

子曰："若圣与仁，则吾岂敢。抑为之不厌，诲人不倦，则可谓云尔已矣。"公西华曰："正唯弟子不能学也。"

子疾病，子路请祷。子曰："有诸？"子路对曰："有之。《诔》曰：祷尔于上下神祇。"子曰："丘之祷久矣。"

子曰："奢则不孙，俭则固。与其不孙也，宁固。"

子曰："君子坦荡荡，小人长戚戚。"

子温而厉，威而不猛，恭而安。

泰伯第八

子曰："泰伯，其可谓至德也已矣。三以天下让，民无得而称焉。"

子曰："恭而无礼则劳，慎而无礼则葸，勇而无礼则乱，直而无礼则绞。君子笃于亲，则民兴于仁，故旧不遗，则民不偷。"

曾子有疾，召门弟子曰："启予足，启予手。《诗》云：'战战兢兢，如临深渊，如履薄冰。'而今而后，吾知免夫！小子。"

曾子有疾，孟敬子问之，曾子言曰："鸟之将死，其鸣也哀，人之将死，其言也善。君子所贵乎道者三：动容貌，斯远暴慢矣；正颜色，斯近信矣；出辞气，斯远鄙倍矣。笾豆之事，则有司存。"

曾子曰："以能问于不能，以多问于寡，有若无，实若虚，犯而不校，昔者吾友，

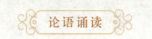

尝从事于斯矣！"

曾子曰："可以托六尺之孤，可以寄百里之命，临大节而不可夺也，君子人与？君子人也。"

曾子曰："士不可以不弘毅，任重而道远。仁以为己任，不亦重乎？死而后已，不亦远乎？"

子曰："兴于《诗》，立于礼，成于乐。"

子曰："民可使由之，不可使知之。"

子曰："好勇疾贫，乱也。人而不仁，疾之已甚，乱也。"

子曰："如有周公之才之美，使骄且吝，其余不足观也已。"

子曰："三年学，不至于谷，不易得也。"

子曰："笃信好学，守死善道。危邦不入，乱邦不居，天下有道则见，无道则隐。邦有道，贫且贱焉，耻也。邦无道，富且贵焉，耻也。"

子曰："不在其位，不谋其政。"

子曰："师挚之始，《关雎》之乱，洋洋乎盈耳哉！"

子曰："狂而不直，侗而不愿，悾悾而不信，吾不知之矣。"

子曰："学如不及，犹恐失之。"

子曰："巍巍乎，舜、禹之有天下也，而不与焉。"

子曰："大哉，尧之为君也。巍巍乎，唯天为大，唯尧则之。荡荡乎，民无能名焉。巍巍乎，其有成功也。焕乎，其有文章。"

舜有臣五人而天下治。武王曰："予有乱臣十人。"孔子曰："才难，不其然乎？唐、虞之际，于斯为盛，有妇人焉，九人而已。三分天下有其二，以服事殷，周之德，其可谓至德也已矣！"

子曰："禹，吾无间然矣。菲饮食而致孝乎鬼神，恶衣服而致美乎黻冕，卑宫室而尽力乎沟洫。禹，吾无间然矣！"

子罕第九

子罕言利，与命与仁。

达巷党人曰："大哉孔子！博学而无所成名。"子闻之，谓门弟子曰："吾何执，执御乎，执射乎？吾执御矣。"

子曰："麻冕，礼也。今也纯，俭，吾从众。拜下，礼也。今拜乎上，泰也。虽违众，吾从下。"

子绝四：毋意、毋必、毋固、毋我。

子畏于匡，曰："文王既没，文不在兹乎。天之将丧斯文也，后死者不得与于斯文也；天之未丧斯文也，匡人其如予何！"

太宰问于子贡曰："夫子圣者与？何其多能也。"子贡曰："固天纵之将圣，又多能也。"子闻之，曰："太宰知我乎。吾少也贱，故多能鄙事。君子多乎哉？不多也。"

牢曰："子云：'吾不试，故艺。'"

子曰："吾有知乎哉？无知也。有鄙夫问于我，空空如也，我叩其两端而竭焉。"

子曰："凤鸟不至，河不出图，吾已矣夫！"

子见齐衰者、冕衣裳者与瞽者，见之，虽少必作，过之，必趋。

颜渊喟然叹曰："仰之弥高，钻之弥坚，瞻之在前，忽焉在后。夫子循循然善诱人，博我以文，约我以礼。欲罢不能，既竭吾才，如有所立卓尔。虽欲从之，末由也已。"

子疾病，子路使门人为臣。病间，曰："久矣哉，由之行诈也。无臣而为有臣，吾谁欺，欺天乎？且予与其死于臣之手也，无宁死于二三子之手乎。且予纵不得大葬，予死于道路乎？"

子贡曰："有美玉于斯，韫椟而藏诸？求善贾而沽诸？"子曰："沽之哉，沽之哉！我待贾者也。"

子欲居九夷。或曰："陋，如之何？"子曰："君子居之，何陋之有？"

子曰："吾自卫反鲁，然后乐正，《雅》《颂》各得其所。"

子曰："出则事公卿，入则事父兄，丧事不敢不勉，不为酒困，何有于我哉？"

子在川上曰："逝者如斯夫，不舍昼夜。"

子曰："吾未见好德如好色者也。"

子曰："譬如为山，未成一篑，止，吾止也。譬如平地，虽覆一篑，进，吾往也。"

子曰："语之而不惰者，其回也与？"

子谓颜渊曰："惜乎！吾见其进也，未见其止也。"

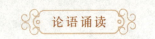

子曰："苗而不秀者，有矣夫；秀而不实者，有矣夫。"

子曰："后生可畏。焉知来者之不如今也？四十、五十而无闻焉，斯亦不足畏也已。"

子曰："法语之言，能无从乎？改之为贵。巽与之言，能无说乎？绎之为贵。说而不绎，从而不改，吾未如之何也已矣。"

子曰："主忠信，无友不如己者，过则勿惮改。"

子曰："三军可夺帅也，匹夫不可夺志也。"

子曰："衣敝缊袍，与衣狐貉者立，而不耻者，其由也与？不忮不求，何用不臧。"子路终身诵之。子曰："是道也，何足以臧？"

子曰："岁寒，然后知松柏之后凋也。"

子曰："知者不惑，仁者不忧，勇者不惧。"

子曰："可与共学，未可与适道；可与适道，未可与立；可与立，未可与权。"

唐棣之华，偏其反而。岂不尔思，室是远而。子曰："未之思也。夫何远之有！"

乡党第十

孔子于乡党，恂恂如也，似不能言者。其在宗庙朝廷，便便言。唯谨尔。

朝，与下大夫言，侃侃如也，与上大夫言，訚訚如也。君在，踧踖如也，与与如也。

君召使摈，色勃如也，足躩如也。揖所与立，左右手，衣前后，襜如也。趋进，翼如也。宾退，必复命，曰："宾不顾矣。"

入公门，鞠躬如也，如不容。立不中门，行不履阈。过位，色勃如也，足躩如也，其言似不足者。摄齐升堂，鞠躬如也，屏气似不息者。出，降一等，逞颜色，怡怡如也。没阶趋进，翼如也。复其位，踧踖如也。

执圭，鞠躬如也，如不胜。上如揖，下如授，勃如战色，足蹜蹜，如有循。享礼，有容色。私觌，愉愉如也。

君子不以绀緅饰，红紫不以为亵服。当暑，袗絺绤，必表而出之。缁衣羔裘，素衣麑裘，黄衣狐裘。亵裘长，短右袂。必有寝衣，长一身有半。狐貉之厚以居。去丧，无所不佩。非帷裳，必杀之。羔裘玄冠不以吊。吉月，必朝服而朝。

齐，必有明衣，布。齐必变食，居必迁坐。食不厌精，脍不厌细。食饐而餲，鱼馁而肉败，不食。色恶不食。臭恶不食。失饪不食。不时不食。割不正不食。不得其酱不食。肉虽多，不使胜食气。唯酒无量，不及乱。沽酒市脯不食。不撤姜食。不多食。祭于公，不宿肉。祭肉，不出三日，出三日，不食之矣。食不语，寝不言。虽疏食菜羹瓜祭，必齐如也。席不正，不坐。

乡人饮酒，杖者出，斯出矣。乡人傩，朝服而立于阼阶。

问人于他邦，再拜而送之。康子馈药，拜而受之。曰："丘未达，不敢尝。"

厩焚，子退朝，曰："伤人乎？"不问马。

君赐食，必正席先尝之。君赐腥，必熟而荐之。君赐生，必畜之。侍食于君，君祭，先饭。疾，君视之，东首，加朝服拖绅。君命召，不俟驾行矣。

入太庙，每事问。

朋友死，无所归，曰："于我殡。"朋友之馈，虽车马，非祭肉，不拜。

寝不尸，居不客。见齐衰者，虽狎必变。见冕者与瞽者，虽亵必以貌。凶服者式之，式负版者。有盛馔，必变色而作。迅雷风烈，必变。

升车，必正立执绥。车中，不内顾，不疾言，不亲指。

色斯举矣，翔而后集。曰："山梁雌雉，时哉时哉！"子路共之，三嗅而作。

先进第十一

子曰："先进于礼乐，野人也。后进于礼乐，君子也。如用之，则吾从先进。"

子曰："从我于、陈蔡者，皆不及门也。

德行：颜渊、闵子骞、冉伯牛、仲弓；言语：宰我、子贡；政事：冉有、季路；文学：子游、子夏。"

子曰："回也，非助我者也。于吾言无所不说。"

子曰："孝哉，闵子骞。人不间于其父母昆弟之言。"

南容三复白圭，孔子以其兄之子妻之。

季康子问："弟子孰为好学？"孔子对曰："有颜回者好学，不幸短命死矣。今也则亡。"

颜渊死，颜路请子之车以为之椁。子曰："才不才，亦各言其子也。鲤也死，有棺而无椁。吾不徒行以为之椁。以吾从大夫之后，不可徒行也。"

颜渊死，子曰："噫！天丧予！天丧予！"

颜渊死，子哭之恸。从者曰："子恸矣。"曰："有恸乎？非夫人之为恸而谁为？"

颜渊死，门人欲厚葬之。子曰："不可。"门人厚葬之。子曰："回也视予犹父也，予不得视犹子也。非我也，夫二三子也。"

季路问事鬼神。子曰："未能事人，焉能事鬼？"曰："敢问死？"曰："未知生，焉知死？"

闵子侍侧，訚訚如也。子路，行行如也。冉有、子贡，侃侃如也。子乐："若由也，不得其死然。"

鲁人为长府，闵子骞曰："仍旧贯，如之何？何必改作。"子曰："夫人不言，言必有中。"

子曰："由之瑟，奚为于丘之门？"门人不敬子路。子曰："由也升堂矣，未入于室也。"

子贡问："师与商也孰贤？"子曰："师也过，商也不及。"曰："然则师愈与？"子曰："过犹不及。"

季氏富于周公，而求也为之聚敛而附益之。子曰："非吾徒也。小子鸣鼓而攻之，可也！"

柴也愚，参也鲁，师也辟，由也喭。

子曰："回也其庶乎。屡空。赐不受命，而货殖焉，亿则屡中。"

子张问善人之道。子曰："不践迹，亦不入于室。"

子曰："论笃是与？君子者乎，色庄者乎？"

子路问："闻斯行诸？"子曰："有父兄在，如之何其闻斯行之？"冉有问："闻斯行诸？"子曰："闻斯行之。"公西华曰："由也问闻斯行诸，子曰'有父兄在'。求也问闻斯行诸，子曰'闻斯行之'。赤也惑，敢问。"子曰："求也退，故进之；由也兼人，故退之。"

子畏于匡，颜渊后。子曰："吾以女为死矣。"曰："子在，回何敢死？"

季子然问："仲由、冉求，可谓大臣与？"子曰："吾以子为异之问，曾由与求之问。所谓大臣者，以道事君，不可则止。今由与求也，可谓具臣矣。"曰："然则从之者与？"子曰："弑父与君，亦不从也。"

子路使子羔为费宰，子曰："贼夫人之子。"子路曰："有民人焉，有社稷焉。何必读书，然后为学。"子曰："是故恶夫佞者。"

子路、曾皙、冉有、公西华侍坐，子曰："以吾一日长乎尔，毋吾以也。居则曰：'不吾知也。'如或知尔，则何以哉？"子路率尔而对曰："千乘之国，摄乎大国之间，加之以师旅，因之以饥馑，由也为之，比及三年，可使有勇，且知方也。"夫子哂之。"求，尔何如？"对曰："方六七十，如五六十，求也为之，比及三年，可使足民。如其礼乐，以俟君子。""赤，尔何如？"对曰："非曰能之，愿学焉。宗庙之事，如会同，端章甫，愿为小相焉。""点，尔何如？"鼓瑟希，铿尔，舍瑟而作，对曰："异乎三子者之撰。"子曰："何伤乎？亦各言其志也。"曰："暮春者，春服既成，冠者五六人，童子六七人，浴乎沂，风乎舞雩，咏而归。"夫子喟然叹曰："吾与点也。"三子者出，曾皙后，曾皙曰："夫三子者之言何如？"子曰："亦各言其志也已矣。"曰："夫子何哂由也？"曰："为国以礼。其言不让，是故哂之。""唯求则非邦也与？""安见方六七十如五六十而非邦也者？""唯赤则非邦也与？""宗庙会同，非诸侯而何？赤也为之小，孰能为之大！"

颜渊第十二

颜渊问仁。子曰："克己复礼为仁。一日克己复礼，天下归仁焉。为仁由己，而由人乎哉？"颜渊曰："请问其目。"子曰："非礼勿视，非礼勿听，非礼勿言，非礼勿动。"颜渊曰："回虽不敏，请事斯语矣。"

仲弓问仁。子曰："出门如见大宾，使民如承大祭，己所不欲，勿施于人，在邦无怨，在家无怨。"仲弓曰："雍虽不敏，请事斯语矣。"

司马牛问仁。子曰："仁者，其言也讱。"曰："其言也讱，斯谓之仁已乎？"子曰："为之难，言之，得无讱乎？"

司马牛问君子。子曰："君子不忧不惧。"曰："不忧不惧，斯谓之君子已乎？"子曰："内省不疚，夫何忧何惧？"

司马牛忧曰："人皆有兄弟，我独亡。"子夏曰："商闻之矣，死生有命，富贵在天。君子敬而无失，与人恭而有礼，四海之内，皆兄弟也。君子何患乎无兄弟也。"

子张问明。子曰："浸润之谮，肤受之愬，不行焉，可谓明也已矣。浸润之谮，肤受之愬，不行焉，可谓远也已矣。"

子贡问政，子曰："足食，足兵，民信之矣。"子贡曰："必不得已而去，于斯三者何先？"曰："去兵。"子贡曰："必不得已而去，于斯二者何先？"曰："去食。自古皆有死，民无信不立。"

棘子成曰："君子质而已矣，何以文为？"子贡曰："惜乎，夫子之说君子也。驷不及舌。文，犹质也；质，犹文也。虎豹之鞟，犹犬羊之鞟。"

哀公问于有若曰："年饥，用不足，如之何？"有若对曰："盍彻乎？"曰："二，吾犹不足，如之何其彻也？"对曰："百姓足，君孰与不足？百姓不足，君孰与足？"

子张问崇德辨惑。子曰："主忠信，徙义，崇德也。爱之欲其生，恶之欲其死。既欲其生，又欲其死，是惑也。诚不以富，亦只以异。"

齐景公问政于孔子。孔子对曰："君君，臣臣，父父，子子。"公曰："善哉！信如君不君，臣不臣，父不父，子不子，虽有粟，吾得而食诸？"

子曰："片言可以折狱者，其由也与？子路无宿诺。"

子曰："听讼，吾犹人也，必也使无讼乎。"

子张问政。子曰："居之无倦，行之以忠。"

子曰："博学于文，约之以礼，亦可以弗畔矣夫。"

子曰："君子成人之美，不成人之恶。小人反是。"

季康子问政于孔子。孔子对曰："政者正也，子帅以正，孰敢不正。"

季康子患盗，问于孔子。孔子对曰："苟子之不欲，虽赏之不窃。"

季康子问政于孔子曰："如杀无道，以就有道，何如？"孔子对曰："子为政，焉用杀。子欲善，而民善矣。君子之德风，小人之德草，草上之风，必偃。"

子张问："士何如，斯可谓之达矣。"子曰："何哉，尔所谓达者？"子张对曰："在邦必闻，在家必闻。"子曰："是闻也，非达也。夫达也者，质直而好义，察言而观色，虑以下人。在邦必达，在家必达。夫闻也者，色取仁而行违，居之不疑，在邦必闻，在家必闻。"

樊迟从游于舞雩之下，曰："敢问崇德、修慝、辨惑。"子曰："善哉问。先事后得，非崇德与？攻其恶，无攻人之恶，非修慝与？一朝之忿，忘其身以及其亲，非惑与？"

樊迟问仁。子曰："爱人。"问知。子曰："知人。"樊迟未达，子曰："举直错诸枉，能使枉者直。"樊迟退，见子夏曰："乡也吾见于夫子而问知，子曰：'举直错诸枉，能使枉者直。'何谓也？"子夏曰："富哉言乎！舜有天下，选于众，举皋陶，不仁者远矣。汤有天下，选于众，举伊尹，不仁者远矣。"

子贡问友。子曰："忠告而善道之，不可则止，毋自辱焉。"

曾子曰："君子以文会友，以友辅仁。"

子路第十三

子路问政。子曰："先之，劳之。"请益。曰："无倦。"

仲弓为季氏宰，问政。子曰："先有司，赦小过，举贤才。"曰："焉知贤才而举之？"曰："举尔所知，尔所不知，人其舍诸？"

子路曰："卫君待子而为政，子将奚先？"子曰："必也正名乎。"子路曰："有是哉，子之迂也。奚其正？"子曰："野哉由也。君子于其所不知，盖阙如也。名不正则言不顺，言不顺则事不成，事不成则礼乐不兴，礼乐不兴则刑罚不中，刑罚不中则民无所措手足。故君子名之必可言也，言之必可行也。君子于其言，无所苟而已矣。"

樊迟请学稼，子曰："吾不如老农。"请学为圃，曰："吾不如老圃。"樊迟出，子曰："小人哉，樊须也。上好礼，则民莫敢不敬；上好义，则民莫敢不服；上好信，则民莫敢不用情。夫如是，则四方之民，襁负其子而至矣。焉用稼？"

子曰："诵《诗》三百，授之以政，不达，使于四方，不能专对。虽多，亦奚以为？"

子曰："其身正，不令而行；其身不正，虽令不从。"

子曰："鲁、卫之政，兄弟也。"

子谓卫公子荆："善居室，始有，曰苟合矣；少有，曰苟完矣；富有，曰苟美矣。"

子适卫，冉有仆，子曰："庶矣哉。"冉有曰："既庶矣，又何加焉？"曰："富之。"曰："既富矣，又何加焉？"曰："教之。"

子曰："苟有用我者，期月而已可也，三年有成。"

子曰："善人为邦百年，亦可以胜残去杀矣。诚哉，是言也。"

子曰："如有王者，必世而后仁。"

子曰："苟正其身矣，于从政乎何有？不能正其身，如正人何？"

冉子退朝，子曰："何晏也？"对曰："有政。"子曰："其事也如有政，虽不吾以，吾其与闻之。"

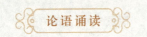

定公问："一言而可以兴邦，有诸？"孔子对曰："言不可以若是其几也。人之言曰：'为君难，为臣不易。'如知为君之难也，不几乎一言而兴邦乎？"曰："一言而丧邦，有诸？"孔子对曰："言不可以若是其几也。人之言曰：'予无乐乎为君，唯其言而莫予违也。'如其善而莫之违也，不亦善乎？如不善而莫之违也，不几乎一言而丧邦乎？"

叶公问政。子曰："近者说，远者来。"

子夏为莒父宰，问政。子曰："无欲速，无见小利，欲速则不达，见小利则大事不成。"

叶公语孔子曰："吾党有直躬者，其父攘羊，而子证之。"孔子曰："吾党之直者异于是，父为子隐，子为父隐，直在其中矣。"

樊迟问仁。子曰："居处恭，执事敬，与人忠，虽之夷狄，不可弃也。"

子贡问曰："何如斯可谓之士矣？"子曰："行己有耻，使于四方，不辱君命，可谓士矣。"曰："敢问其次。"曰："宗族称孝焉，乡党称弟焉。"曰："敢问其次。"曰："言必信，行必果，硁硁然小人哉，抑亦可以为次矣。"曰："今之从政者何如？"子曰："噫！斗筲之人，何足算也。"

子曰："不得中行而与之，必也狂狷乎！狂者进取，狷者有所不为也。"

子曰："南人有言曰：'人而无恒，不可以作巫医。'善夫！'不恒其德，或承之羞。'"子曰："不占而已矣。"

子曰："君子和而不同，小人同而不和。"

子贡问曰："乡人皆好之，何如？"子曰："未可也。""乡人皆恶之，何如？"子曰："未可也。不如乡人之善者好之，其不善者恶之。"

子曰："君子易事而难说也。说之不以道，不说也；及其使人也，器之。小人难事而易说也。说之虽不以道，说也；及其使人也，求备焉。"

子曰："君子泰而不骄，小人骄而不泰。"

子曰："刚毅木讷，近仁。"

子路问曰："何如斯可谓之士矣？"子曰："切切、偲偲、怡怡如也，可谓士矣。朋友切切偲偲，兄弟怡怡。"

子曰："善人教民七年，亦可以即戎矣。"

子曰："以不教民战，是谓弃之。"

宪问第十四

宪问耻。子曰："邦有道，谷。邦无道，谷，耻也。""克伐怨欲，不行焉，可以为仁矣？"子曰："可以为难矣。仁，则吾不知也。"

子曰："士而怀居，不足以为士矣。"

子曰："邦有道，危言危行，邦无道，危行言孙。"

子曰："有德者必有言，有言者不必有德；仁者必有勇，勇者不必有仁。"

南宫适问于孔子曰："羿善射，奡荡舟，俱不得其死然，禹稷躬稼而有天下。"夫子不答。南宫适出，子曰："君子哉若人，尚德哉若人。"

子曰："君子而不仁者有矣夫，未有小人而仁者也。"

子曰："爱之，能勿劳乎？忠焉，能毋诲乎？"

子曰："为命，裨谌草创之，世叔讨论之，行人子羽修饰之，东里子产润色之。"

或问子产。子曰："惠人也。"问子西。曰："彼哉彼哉。"问管仲。曰："人也夺伯氏骈邑三百，饭疏食，没齿，无怨言。"

子曰："贫而无怨难，富而无骄易。"

子曰："孟公绰，为赵魏老则优，不可以为滕薛大夫。"

子路问成人。子曰："若臧武仲之知，公绰之不欲，卞庄子之勇，冉求之艺，文之以礼乐，亦可以为成人矣。"曰："今之成人者何必然。见利思义，见危授命，久要不忘平生之言，亦可以为成人矣。"

子问公叔文子于公明贾曰："信乎，夫子不言、不笑、不取乎。"公明贾对曰："以告者过也，夫子时然后言，人不厌其言。乐然后笑，人不厌其笑。义然后取，人不厌其取。"子曰："其然。岂其然乎！"

子曰："臧武仲，以防求为后于鲁，虽曰不要君，吾不信也。"

子曰："晋文公谲而不正，齐桓公正而不谲。"

子路曰："桓公杀公子纠，召忽死之，管仲不死。曰：未仁乎？"子曰："桓公九合诸侯，不以兵车，管仲之力也。如其仁，如其仁！"

子贡曰："管仲非仁者与？桓公杀公子纠，不能死，又相之。"子曰："管仲相桓公，霸诸侯，一匡天下，民到于今受其赐。微管仲，吾其被发左衽矣！岂若匹夫匹妇之为谅也，自经于沟渎，而莫之知也。"

公叔文子之臣大夫僎,与文子同升诸公,子闻之曰:"可以为文矣。"

子言卫灵公之无道也,康子曰:"夫如是,奚而不丧?"孔子曰:"仲叔圉治宾客,祝鮀治宗庙,王孙贾治军旅,夫如是,奚其丧?"

子曰:"其言之不怍,则为之也难。"

陈成子弑简公,孔子沐浴而朝,告于哀公曰:"陈恒弑其君,请讨之。"公曰:"告夫三子。"孔子曰:"以吾从大夫之后,不敢不告也,君曰'告夫三子'者。"之三子告,不可。孔子曰:"以吾从大夫之后,不敢不告也。"

子路问事君,子曰:"勿欺也,而犯之。"

子曰:"君子上达,小人下达。"

子曰:"古之学者为己,今之学者为人。"

蘧伯玉使人于孔子,孔子与之坐而问焉,曰:"夫子何为?"对曰:"夫子欲寡其过而未能也。"使者出,子曰:"使乎!使乎!"

子曰:"不在其位,不谋其政。"

曾子曰:"君子思不出其位。"

子曰:"君子耻其言而过其行。"

子曰:"君子道者三,我无能焉。仁者不忧,知者不惑,勇者不惧。"子贡曰:"夫子自道也。"

子贡方人,子曰:"赐也贤乎哉,夫我则不暇。"

子曰:"不患人之不己知,患其不能也。"

子曰:"不逆诈,不亿不信,抑亦先觉者,是贤乎!"

微生亩谓孔子曰:"丘何为是栖栖者与?无乃为佞乎?"孔子曰:"非敢为佞也,疾固也。"

子曰:"骥不称其力,称其德也。"

或曰:"以德报怨,何如?"子曰:"何以报德?以直报怨,以德报德。"

子曰:"莫我知也夫!"子贡曰:"何为其莫知子也?"子曰:"不怨天,不尤人,下学而上达,知我者其天乎!"

公伯寮愬子路于季孙,子服景伯以告曰:"夫子固有惑志于公伯寮,吾力犹能肆诸市朝。"子曰:"道之将行也与,命也;道之将废也与,命也。公伯寮其如命何!"

子曰："贤者辟世,其次辟地,其次辟色,其次辟言。"子曰："作者七人矣。"

子路宿于石门,晨门曰："奚自?"子路曰："自孔氏。"曰："是知其不可而为之者与?"

子击磬于卫,有荷蒉而过孔氏之门者,曰："有心哉,击磬乎!"既而曰："鄙哉,硁硁乎。莫己知也,斯已而已矣。深则厉,浅则揭。"子曰："果哉,末之难矣。"

子张曰："《书》云:'高宗谅阴,三年不言。'何谓也?"子曰："何必高宗,古之人皆然。君薨,百官总己以听于冢宰,三年。"

子曰："上好礼,则民易使也。"

子路问君子。子曰："修己以敬。"曰："如斯而已乎?"曰："修己以安人。"曰："如斯而已乎?"曰："修己以安百姓。修己以安百姓,尧、舜其犹病诸?"

原壤夷俟,子曰："幼而不孙弟,长而无述焉,老而不死,是为贼。"以杖叩其胫。

阙党童子将命,或问之曰："益者与?"子曰："吾见其居于位也,见其与先生并行也,非求益者也,欲速成者也。"

卫灵公第十五

卫灵公问陈于孔子。孔子对曰："俎豆之事,则尝闻之矣。军旅之事,未之学也。"明日遂行。

在陈绝粮,从者病,莫能兴。子路愠见曰："君子亦有穷乎?"子曰："君子固穷,小人穷斯滥矣。"

子曰："赐也,女以予为多学而识之者与?"对曰："然。非与?"曰："非也。予一以贯之。"

子曰："由,知德者鲜矣。"

子曰："无为而治者,其舜也与?夫何为哉。恭己正南面而已矣。"

子张问行。子曰："言忠信,行笃敬,虽蛮貊之邦行矣。言不忠信,行不笃敬,虽州里行乎哉?立,则见其参于前也;在舆,则见其倚于衡也。夫然后行。"子张书诸绅。

子曰："直哉史鱼。邦有道,如矢;邦无道,如矢。君子哉蘧伯玉。邦有道,则仕,邦无道,则可卷而怀之。"

子曰："可与言而不与之言,失人;不可与言而与之言,失言。知者不失人,

亦不失言。"

子曰:"志士仁人,无求生以害仁,有杀身以成仁。"

子贡问为仁。子曰:"工欲善其事,必先利其器。居是邦也,事其大夫之贤者,友其士之仁者。"

颜渊问为邦。子曰:"行夏之时,乘殷之辂,服周之冕,乐则韶舞。放郑声,远佞人。郑声淫,佞人殆。"

子曰:"人无远虑,必有近忧。"

子曰:"已矣乎!吾未见好德如好色者也。"

子曰:"臧文仲,其窃位者与?知柳下惠之贤,而不与立也。"

子曰:"躬自厚,而薄责于人,则远怨矣。"

子曰:"不曰'如之何、如之何'者,吾末如之何也已矣。"

子曰:"群居终日,言不及义,好行小慧,难矣哉!"

子曰:"君子义以为质,礼以行之,孙以出之,信以成之。君子哉!"

子曰:"君子病无能焉,不病人之不己知也。"

子曰:"君子疾没世而名不称焉。"

子曰:"君子求诸己,小人求诸人。"

子曰:"君子矜而不争,群而不党。"

子曰:"君子不以言举人,不以人废言。"

子贡问曰:"有一言而可以终身行之者乎?"子曰:"其恕乎!己所不欲,勿施于人。"

子曰:"吾之于人也,谁毁谁誉。如有所誉者,其有所试矣。斯民也,三代之所以直道而行也。"

子曰:"吾犹及史之阙文也,有马者借人乘之,今亡矣夫!"

子曰:"巧言乱德,小不忍则乱大谋。"

子曰:"众恶之,必察焉;众好之,必察焉。"

子曰:"人能弘道,非道弘人。"

子曰:"过而不改,是谓过矣。"

子曰:"吾尝终日不食,终夜不寝,以思,无益,不如学也。"

子曰:"君子谋道不谋食。耕也,馁在其中矣;学也,禄在其中矣。君子忧道不忧贫。"

子曰："知及之，仁不能守之，虽得之，必失之。知及之，仁能守之，不庄以莅之，则民不敬。知及之，仁能守之，庄以莅之，动之不以礼，未善也。"

子曰："君子不可小知，而可大受也。小人不可大受，而可小知也。"

子曰："民之于仁也，甚于水火。水火，吾见蹈而死者矣，未见蹈仁而死者也。"

子曰："当仁不让于师。"

子曰："君子贞而不谅。"

子曰："事君，敬其事而后其食。"

子曰："有教无类。"

子曰："道不同，不相为谋。"

子曰："辞达而已矣。"

师冕见，及阶，子曰："阶也。"及席，子曰："席也。"皆坐，子告之曰："某在斯，某在斯。"师冕出，子张问曰："与师言之道与？"子曰："然。固相师之道也。"

季氏第十六

季氏将伐颛臾，冉有、季路见于孔子曰："季氏将有事于颛臾。"孔子曰："求，无乃尔是过与？夫颛臾，昔者先王以为东蒙主，且在邦域之中矣，是社稷之臣也，何以伐为？"冉有曰："夫子欲之，吾二臣者，皆不欲也。"孔子曰："求，周任有言曰：'陈力就列，不能者止。'危而不持，颠而不扶，则将焉用彼相矣。且尔言过矣。虎兕出于柙，龟玉毁于椟中，是谁之过与？"冉有曰："今夫颛臾，固而近于费，今不取，后世必为子孙忧。"孔子曰："求，君子疾夫舍曰欲之而必为之辞。丘也闻有国有家者，不患寡而患不均，不患贫而患不安，盖均无贫，和无寡，安无倾。夫如是，故远人不服，则修文德以来之。既来之，则安之。今由与求也，相夫子，远人不服而不能来也，邦分崩离析而不能守也，而谋动干戈于邦内，吾恐季孙之忧，不在颛臾，而在萧墙之内也。"

孔子曰："天下有道，则礼乐征伐自天子出；天下无道，则礼乐征伐自诸侯出。自诸侯出，盖十世希不失矣。自大夫出，五世希不失矣。陪臣执国命，三世希不失矣。天下有道，则政不在大夫。天下有道，则庶人不议。"

孔子曰："禄之去公室，五世矣。政逮于大夫，四世矣。故夫三桓之子孙，微矣。"

孔子曰："益者三友，损者三友。友直，友谅，友多闻，益矣。友便辟，友善柔，友便佞，损矣。"

孔子曰："益者三乐，损者三乐。乐节礼乐，乐道人之善，乐多贤友，益矣。乐骄乐，乐佚游，乐宴乐，损矣。"

孔子曰："侍于君子有三愆：言未及之而言，谓之躁，言及之而不言，谓之隐，未见颜色而言，谓之瞽。"

孔子曰："君子有三戒：少之时，血气未定，戒之在色；及其壮也，血气方刚，戒之在斗；及其老也，血气既衰，戒之在得。"

孔子曰："君子有三畏：畏天命，畏大人，畏圣人之言。小人不知天命而不畏也，狎大人，侮圣人之言。"

孔子曰："生而知之者，上也，学而知之者，次也，困而学之，又其次也。困而不学，民斯为下矣。"

孔子曰："君子有九思：视思明，听思聪，色思温，貌思恭，言思忠，事思敬，疑思问，忿思难，见得思义。"

孔子曰："见善如不及，见不善如探汤。吾见其人矣，吾闻其语矣。隐居以求其志，行义以达其道，吾闻其语矣，未见其人也。

齐景公有马千驷，死之日，民无德而称焉。伯夷、叔齐饿于首阳之下，民到于今称之。其斯之谓与？"

陈亢问于伯鱼曰："子亦有异闻乎？"对曰："未也。尝独立，鲤趋而过庭，曰：'学《诗》乎？'对曰：'未也。''不学《诗》，无以言。'鲤退而学《诗》。他日又独立，鲤趋而过庭。曰：'学《礼》乎？'对曰：'未也。''不学《礼》，无以立。'鲤退而学《礼》。闻斯二者。"陈亢退而喜曰："问一得三。闻《诗》，闻《礼》，又闻君子之远其子也。"

邦君之妻，君称之曰"夫人"，夫人自称曰"小童"，邦人称之曰"君夫人"，称诸异邦曰"寡小君"，异邦人称之亦曰"君夫人"。

阳货第十七

阳货欲见孔子，孔子不见，归孔子豚，孔子时其亡也，而往拜之，遇诸涂，谓孔子曰："来，予与尔言。曰：'怀其宝，而迷其邦。可谓仁乎？'曰：'不可。''好从事而亟失时，可谓知乎？'曰：'不可。'日月逝矣，岁不我与。"孔子曰："诺。吾将仕矣。"

子曰："性相近也，习相远也。"子曰："唯上智与下愚不移。"

子之武城，闻弦歌之声，夫子莞尔而笑曰："割鸡焉用牛刀。"子游对曰："昔者偃也闻诸夫子曰：'君子学道则爱人，小人学道则易使也。'"子曰："二三子，偃之言是也。前言戏之耳。"

公山弗扰以费畔，召，子欲往，子路不说，曰："末之也已，何必公山氏之之也！"子曰："夫召我者，而岂徒哉！如有用我者，吾其为东周乎！"

子张问仁于孔子，孔子曰："能行五者于天下，为仁矣。""请问之。"曰："恭宽信敏惠。恭则不侮，宽则得众，信则人任焉，敏则有功，惠则足以使人。"

佛肸召，子欲往。子路曰："昔者由也闻诸夫子曰：'亲于其身为不善者，君子不入也。'佛肸以中牟畔，子之往也，如之何？"子曰："然。有是言也：不曰坚乎，磨而不磷；不曰白乎，涅而不缁。吾岂匏瓜也哉？焉能系而不食。"

子曰："由也，女闻六言六蔽矣乎？"对曰："未也。""居，吾语女。好仁不好学，其蔽也愚；好知不好学，其蔽也荡；好信不好学，其蔽也贼；好直不好学，其蔽也绞；好勇不好学，其蔽也乱；好刚不好学，其蔽也狂。"

子曰："小子，何莫学夫《诗》？《诗》可以兴，可以观，可以群，可以怨。迩之事父，远之事君。多识于鸟兽草木之名。"

子谓伯鱼曰："女为《周南》《召南》矣乎？人而不为《周南》《召南》，其犹正墙面而立也与？"

子曰："礼云礼云，玉帛云乎哉？乐云乐云，钟鼓云乎哉？"

子曰："色厉而内荏，譬诸小人，其犹穿窬之盗也与？"

子曰："乡愿，德之贼也。"

子曰："道听而途说，德之弃也。"

子曰："鄙夫，可与事君也与哉？其未得之也，患得之；既得之，患失之。苟患失之，无所不至矣。"

子曰："古者民有三疾，今也或是之亡也。古之狂也肆，今之狂也荡；古之矜也廉，今之矜也忿戾；古之愚也直，今之愚也诈而已矣。"

子曰："巧言令色，鲜矣仁。"

子曰："恶紫之夺朱也，恶郑声之乱雅乐也，恶利口之覆邦家者。"

子曰："予欲无言。"子贡曰："子如不言，则小子何述焉？"子曰："天何言哉。四时行焉，百物生焉。天何言哉！"

孺悲欲见孔子，孔子辞以疾，将命者出户，取瑟而歌，使之闻之。

宰我问："三年之丧，期已久矣。君子三年不为礼，礼必坏；三年不为乐，乐必崩。旧谷既没，新谷既升，钻燧改火，期可已矣。"子曰："食夫稻，衣夫锦，于女安乎？"曰："安。""女安则为之。夫君子之居丧，食旨不甘，闻乐不乐，居处不安，故不为也。今女安，则为之。"宰我出，子曰："予之不仁也。子生三年，然后免于父母之怀。夫三年之丧，天下之通丧也。予也有三年之爱于其父母乎？"

子曰："饱食终日，无所用心，难矣哉！不有博弈者乎，为之犹贤乎已。"

子路曰："君子尚勇乎？"子曰："君子义以为上，君子有勇而无义为乱，小人有勇而无义为盗。"

子贡曰："君子亦有恶乎？"子曰："有恶。恶称人之恶者，恶居下流而讪上者，恶勇而无礼者，恶果敢而窒者。"曰："赐也亦有恶乎。""恶徼以为知者，恶不孙以为勇者，恶讦以为直者。"

子曰："唯女子与小人为难养也。近之则不孙，远之则怨。"

子曰："年四十而见恶焉，其终也已。"

微子第十八

微子去之，箕子为之奴，比干谏而死。孔子曰："殷有三仁焉。"

柳下惠为士师，三黜，人曰："子未可以去乎？"曰："直道而事人，焉往而不三黜；枉道而事人，何必去父母之邦。"

齐景公待孔子，曰："若季氏则吾不能，以季、孟之间待之。"曰："吾老矣，不能用也。"孔子行。

齐人归女乐，季桓子受之，三日不朝，孔子行。

楚狂接舆歌而过孔子曰："凤兮凤兮，何德之衰。往者不可谏，来者犹可追。已而已而，今之从政者殆而。"孔子下，欲与之言，趋而避之，不得与之言。

长沮、桀溺耦而耕，孔子过之，使子路问津焉。长沮曰："夫执舆者为谁？"子路曰："为孔丘。"曰："是鲁孔丘与？"曰："是也。"曰："是知津矣。"问于桀溺，桀溺曰："子为谁？"曰："为仲由。"曰："是鲁孔丘之徒与？"对曰："然。"曰："滔滔者，天下皆是也，而谁以易之。且而与其从避人之士也，岂若从避世之士哉？"耰而不辍。子路行以告，夫子怃然曰："鸟兽不可与同群，吾非斯人之徒与而谁与？天下有道，丘不与易也。"

子路从而后，遇丈人，以杖荷蓧，子路问曰："子见夫子乎？"丈人曰："四体不勤，五谷不分，孰为夫子？"植其杖而芸。子路拱而立，止子路宿，杀鸡为黍而食之，见其二子焉。明日，子路行以告，子曰："隐者也。"使子路反见之，至则行矣。子路曰："不仕无义。长幼之节，不可废也。君臣之义，如之何其废之。欲洁其身，而乱大伦。君子之仕也，行其义也，道之不行，已知之矣。"

逸民，伯夷、叔齐、虞仲、夷逸、朱张、柳下惠、少连。子曰："不降其志，不辱其身，伯夷、叔齐与？"谓柳下惠、少连："降志辱身矣。言中伦，行中虑，其斯而已矣。"谓虞仲、夷逸："隐居放言，身中清，废中权。我则异于是，无可无不可。"

大师挚适齐，亚饭干适楚，三饭缭适蔡，四饭缺适秦，鼓方叔入于河，播鼗武入于汉，少师阳、击磬襄入于海。

周公谓鲁公曰："君子不施其亲，不使大臣怨乎不以。故旧无大故，则不弃也。无求备于一人。"

周有八士：伯达、伯适、仲突、仲忽、叔夜、叔夏、季随、季骑。

子张第十九

子张曰："士见危致命，见得思义，祭思敬，丧思哀，其可已矣。"

子张曰："执德不弘，信道不笃，焉能为有，焉能为亡？"

子夏之门人问交于子张。子张曰："子夏云何？"对曰："子夏曰：可者与之，其不可者拒之。"子张曰："异乎吾所闻。君子尊贤而容众，嘉善而矜不能。我之大贤与，于人何所不容；我之不贤与，人将拒我，如之何其拒人也？"

子夏曰："虽小道，必有可观者焉。致远恐泥，是以君子不为也。"

子夏曰："日知其所亡，月无忘其所能，可谓好学也已矣。"

子夏曰:"博学而笃志,切问而近思,仁在其中矣。"

子夏曰:"百工居肆以成其事,君子学以致其道。"

子夏曰:"小人之过也必文。"

子夏曰:"君子有三变:望之俨然,即之也温,听其言也厉。"

子夏曰:"君子信而后劳其民,未信则以为厉己也。信而后谏,未信则以为谤己也。"

子夏曰:"大德不逾闲,小德出入,可也。"

子游曰:"子夏之门人小子,当洒扫应对进退,则可矣。抑末也,本之则无,如之何?"子夏闻之曰:"噫!言游过矣!君子之道,孰先传焉,孰后倦焉。譬诸草木,区以别矣。君子之道,焉可诬也。有始有卒者,其惟圣人乎?"

子夏曰:"仕而优则学,学而优则仕。"

子游曰:"丧致乎哀而止。"

子游曰:"吾友张也,为难能也!然而未仁。"

曾子曰:"堂堂乎张也,难与并为仁矣。"

曾子曰:"吾闻诸夫子:人未有自致者也,必也亲丧乎?"

曾子曰:"吾闻诸夫子:孟庄子之孝也,其他可能也,其不改父之臣与父之政,是难能也。"

孟氏使阳肤为士师,问于曾子,曾子曰:"上失其道,民散久矣。如得其情,则哀矜而勿喜。"

子贡曰:"纣之不善,不如是之甚也。是以君子恶居下流,天下之恶皆归焉。"

子贡曰:"君子之过也,如日月之食焉。过也,人皆见之;更也,人皆仰之。"

卫公孙朝问于子贡曰:"仲尼焉学?"子贡曰:"文武之道未坠于地,在人。贤者识其大者,不贤者识其小者,莫不有文武之道焉,夫子焉不学?而亦何常师之有?"

叔孙武叔语大夫于朝曰:"子贡贤于仲尼。"子服景伯以告子贡,子贡曰:"譬之宫墙。赐之墙也及肩,窥见室家之好。夫子之墙数仞,不得其门而入,不见宗庙之美,百官之富。得其门者或寡矣。夫子之云,不亦宜乎?"

叔孙武叔毁仲尼,子贡曰:"无以为也。仲尼,不可毁也。他人之贤者,丘陵也,犹可逾也。仲尼,日月也,无得而逾焉。人虽欲自绝,其何伤于日月乎?多见其不知量也。"

　　陈子禽谓子贡曰："子为恭也，仲尼岂贤于子乎？"子贡曰："君子一言以为知，一言以为不知，言不可不慎也。夫子之不可及也，犹天之不可阶而升也。夫子之得邦家者，所谓立之斯立，道之斯行，绥之斯来，动之斯和。其生也荣，其死也哀。如之何其可及也？"

尧曰第二十

　　尧曰："咨，尔舜，天之历数在尔躬，允执其中。四海困穷，天禄永终。"舜亦以命禹，曰："予小子履，敢用玄牡，敢昭告于皇皇后帝，有罪不敢赦，帝臣不蔽，简在帝心。朕躬有罪，无以万方，万方有罪，罪在朕躬。""周有《大赉》，善人是富。虽有周亲，不如仁人。百姓有过，在予一人。"谨权量，审法度，修废官，四方之政行焉。兴灭国，继绝世，举逸民，天下之民归心焉。所重：民食、丧祭。宽则得众，信则民任焉，敏则有功，公则说。

　　子张问于孔子曰："何如，斯可以从政矣？"子曰："尊五美，屏四恶，斯可以从政矣。"子张曰："何谓五美？"子曰："君子惠而不费，劳而不怨，欲而不贪，泰而不骄，威而不猛。"子张曰："何谓惠而不费？"子曰："因民之所利而利之，斯不亦惠而不费乎？择可劳而劳之，又谁怨？欲仁而得仁，又焉贪？君子无众寡、无小大、无敢慢，斯不亦泰而不骄乎？君子正其衣冠，尊其瞻视，俨然人望而畏之，斯不亦威而不猛乎？"子张曰："何谓四恶？"子曰："不教而杀谓之虐，不戒视成谓之暴，慢令致期谓之贼，犹之与人也，出纳之吝，谓之有司。"

　　子曰："不知命，无以为君子也；不知礼，无以立也；不知言，无以知人也。"

参考文献

［1］杨伯峻.论语译注［M］.北京：中华书局，2017.

［2］傅佩荣.傅佩荣译解《论语》［M］.北京：东方出版社，2012.

［3］钱穆.论语新解［M］.北京：九州出版社，2022.

［4］钱穆.论语与孔子［M］.长沙：岳麓书社，2020.

［5］南怀瑾.孔子和他的弟子们［M］.北京：东方出版社，2016.

［6］南怀瑾.论语别裁［M］.上海：复旦大学出版社，2018.

［7］李零.丧家狗：我读《论语》［M］.太原：山西人民出版社，2007.

［8］刘向红.悦读《论语》［M］.北京：航空工业出版社，2014.

［9］鲍鹏山.孔子如来［M］.长沙：岳麓书社，2015.

［10］赵敏俐，徐建顺.论语［M］.北京：中华书局，2014.

［11］徐健顺.高等院校普通话吟诵教程［M］.北京：开明出版社，2020.

［12］樊登.樊登讲论语［M］.北京：北京联合出版公司，2021.